Découvrez des Jeux Gratuits en Ligne

Disponible Ici :

BestActivityBooks.com/FREEGAMES

5 ASTUCES POUR DÉMARRER !

1) COMMENT RÉSOUDRE LES MOTS MÊLÉS

Les puzzles sont dans un format classique :

- Les mots sont cachés sans espaces, tirets, ...
- Orientation : Les mots peuvent être écrits en avant, en arrière, vers le haut, vers le bas ou en diagonale (ils peuvent être inversés).
- Les mots peuvent se chevaucher ou se croiser.

2) UN APPRENTISSAGE ACTIF

Un espace est prévu à côté de chaque mots pour noter la traduction. Pour favoriser un apprentissage actif un **DICTIONNAIRE** à la fin de cette édition vous permettra de vérifier et étendre vos connaissances. Cherchez et notez les traductions, trouvez-les dans le Puzzle et ajoutez-les à votre vocabulaire !

3) MARQUEZ LES MOTS

Vous pouvez inventer votre propre système de marquage. Peut-être en utilisez-vous déjà un ? Sinon, vous pourriez, par exemple, marquer les mots qui ont été difficiles à trouver d'une croix, ceux que vous avez aimés d'une étoile, les mots nouveaux d'un triangle, les mots rares d'un diamant, etc...

4) STRUCTUREZ VOTRE APPRENTISSAGE

Cette édition vous offre un **CARNET DE NOTES** très pratique à la fin du livre. En vacances ou en voyage ou à la maison, vous pouvez facilement organiser vos nouvelles connaissances sans avoir besoin d'un second bloc-notes !

5) VOUS AVEZ FINI TOUTES LES GRILLES ?

Allez à la section bonus **CHALLENGE FINAL** pour trouver un jeu gratuit à la fin de cette édition !

Simple et Rapide ! Découvrez notre collection de livres d'activités pour votre prochain moment de détente et **d'apprentissage**, à juste un clic de distance !

Trouvez votre prochain défi sur :

BestActivityBooks.com/MonProchainLivre

À vos marques, prêts... Partez !

Saviez-vous qu'il existe environ 7 000 langues différentes dans le monde ? Les mots sont précieux.

Nous aimons les langues et avons travaillé dur pour créer les livres de la plus haute qualité pour vous. Nos ingrédients ?

Une sélection des thématiques d'apprentissage adaptée, trois belles parts de divertissement, puis nous ajoutons une cuillère de mots difficiles et une pincée de mots rares. Nous les servons avec soin et un maximum de plaisir pour vous permettre de résoudre les meilleurs jeux de mots mêlés qui soient et d'apprendre en vous amusant !

Votre avis est essentiel. Vous pouvez participer activement au succès de ce livre en nous laissant un commentaire. Nous aimerions vraiment savoir ce que vous avez préféré dans cette édition !

Voici un lien rapide qui vous mènera à la page d'évaluation de vos commandes :

BestBooksActivity.com/Avis50

Merci pour votre aide et amusez-vous bien !

De la part de toute l'équipe

1 - Adjectifs #2

```
X  Y  H  N  K  V  L  F  N  M  C  S  S  E  E
P  R  O  D  U  K  T  I  F  C  U  Q  E  N  O
F  S  E  H  A  T  A  U  K  T  I  L  P  Z  W
E  L  K  R  M  E  N  A  R  I  K  X  A  I  M
M  L  K  E  R  I  N  G  V  A  G  G  N  A  B
A  A  E  U  M  P  H  H  Z  Z  I  M  A  L  A
C  N  W  G  I  M  J  W  B  X  I  L  S  A  Z
M  E  R  B  A  M  O  J  L  M  M  A  I  H  D
M  K  T  Q  W  N  M  G  H  M  H  Y  T  O  Q
W  R  Y  S  J  R  N  O  R  R  V  D  A  Z  F
W  E  C  K  H  A  P  H  A  I  Q  Q  M  Z  S
N  T  A  K  A  B  R  E  B  S  C  R  A  Q  F
K  R  E  A  T  I  F  V  R  O  I  N  R  U  M
U  D  E  S  K  R  I  P  T  I  F  N  D  N  Q
M  E  N  G  A  N  T  U  K  B  A  R  U  P  I
```

ASLI	MENARIK
TERKENAL	ALAMI
PANAS	BARU
KREATIF	PRODUKTIF
DESKRIPTIF	MURNI
BERBAKAT	SEHAT
DRAMATIS	ASIN
ELEGAN	LIAR
BANGGA	KERING
KUAT	MENGANTUK

2 - Formes

```
X R L E J T B T H L O A P O I
F I T L S H L U A I B J I V F
K U R V A T X K L P N K R A O
V R A N Y V P F W A G U A L A
I S C C I C B O L A T B M B O
C G G S I S I H C U X U I A E
K R E D N I L I S X X S D N B
A E O S U D U T P C Q G A P B
B I R C R A M S I R P A G O N
M W P U J E I O L M A R I L Q
M C B Y C G P P E T Q I T I T
W W A N G U E S N P N S I G N
C Q P L U T T S E N T I G O J
H I P E R B O L A M X K E N V
L I N G K A R A N F E B S I L
```

ARC	ELIPS
TEPI	HIPERBOLA
PERSEGI	GARIS
LINGKARAN	OVAL
SUDUT	POLIGON
KURVA	PRISMA
KERUCUT	PIRAMIDA
SISI	BULAT
KUBUS	BOLA
SILINDER	SEGITIGA

3 - Force et Gravité

```
G  E  S  E  K  A  N  D  T  L  O  G  I  O  Z
U  A  P  C  L  K  Q  A  Q  K  R  E  M  K  Y
A  N  Z  Z  Y  I  N  M  C  T  B  R  A  Y  R
Q  Q  I  S  F  S  J  P  I  X  I  A  G  B  W
T  H  B  V  T  I  Q  A  X  W  T  K  N  X  A
Q  U  R  A  E  F  C  K  A  T  A  R  E  B  K
I  N  P  H  I  R  J  A  R  A  K  O  T  L  T
P  U  S  A  T  X  S  P  Y  M  V  V  I  Z  U
U  P  Z  T  T  E  N  A  L  P  F  G  S  D  E
E  K  S  P  A  N  S  I  L  R  O  T  M  Y  D
P  E  N  E  M  U  A  N  A  N  A  K  E  T  D
E  L  U  Z  C  W  B  P  R  O  P  E  R  T  I
Y  D  G  D  A  C  D  M  T  M  O  Z  Z  Z  I
M  E  K  A  N  I  K  A  U  G  U  Z  N  P  Y
V  F  D  I  N  A  M  I  S  S  D  B  B  P  D
```

SUMBU	GERAK
PUSAT	ORBIT
PENEMUAN	FISIKA
JARAK	PLANET
DINAMIS	BERAT
EKSPANSI	TEKANAN
GESEKAN	PROPERTI
DAMPAK	WAKTU
MAGNETISME	UNIVERSAL
MEKANIKA	

4 - Adjectifs #1

```
I  I  A  F  A  D  U  M  C  H  A  E  J  K  E
C  D  D  R  L  R  B  E  S  A  R  L  U  P  K
I  P  E  W  T  V  O  L  U  G  U  A  J  E  S
H  A  D  N  I  I  U  M  Y  N  X  M  U  N  O
D  N  R  R  T  F  S  S  A  T  F  B  R  T  T
T  R  D  E  A  I  L  T  W  T  M  A  K  I  I
C  U  G  D  R  T  K  S  I  P  I  T  M  N  S
K  P  C  O  E  K  A  Y  W  K  N  K  E  G  C
P  M  C  M  B  A  L  Y  K  T  J  I  N  E  E
B  E  O  B  S  N  T  W  K  D  L  A  A  A  V
O  S  P  B  O  V  U  H  C  T  T  T  R  C  C
B  A  F  A  E  T  M  B  B  H  E  I  I  V  F
Y  D  J  X  D  E  R  M  A  W  A  N  K  N  I
W  P  T  U  A  M  B  I  S  I  U  S  Q  M  P
Q  W  W  N  P  R  R  P  L  N  V  A  E  B  E
```

MUTLAK	JUJUR
AKTIF	IDENTIK
AMBISIUS	PENTING
AROMATIK	LUGU
ARTISTIK	MUDA
MENARIK	LAMBAT
INDAH	BERAT
EKSOTIS	TIPIS
BESAR	MODERN
DERMAWAN	SEMPURNA

5 - Instruments de Musique

```
R  T  J  W  J  M  G  T  N  Q  B  F  T  S  M
T  Q  R  A  K  I  N  O  M  R  A  H  E  E  M
W  Z  Y  K  C  V  O  O  X  L  S  G  R  L  A
K  Q  Q  Y  V  R  B  A  T  A  S  B  O  O  N
V  G  N  O  G  Z  M  D  X  U  O  R  M  B  D
B  N  F  M  I  A  O  G  W  D  O  F  P  J  O
U  I  Q  L  F  X  R  O  I  R  N  Y  E  J  L
S  L  O  P  E  P  T  E  M  U  S  R  T  F  I
A  U  J  L  E  V  K  A  B  M  I  R  A  M  N
K  R  N  G  A  R  K  L  A  R  I  N  E  T  P
S  E  A  T  N  A  K  Q  D  E  Z  H  H  A  L
O  S  B  J  A  T  N  U  L  A  C  A  M  B  J
F  N  G  K  B  I  Y  A  S  Q  N  R  O  J  C
O  K  M  J  E  G  Y  E  Y  I  P  P  J  B  G
N  G  L  T  R  P  I  A  N  O  S  A  Q  P  O
```

BANJO	MARIMBA
BASSOON	PERKUSI
KLARINET	PIANO
SERULING	SAKSOFON
GONG	DRUM
GITAR	REBANA
HARMONIKA	TROMBON
HARPA	TEROMPET
OBO	BIOLA
MANDOLIN	SELO

6 - Échecs

```
B E N T M W N A G N A T N A T
C E R D I K A F W I J R A P X
K S O R Q M N K H O A J N L A
Z Q Q G W E I A T P R W A J T
O T X B N A A R A U J Y B P U
E C I I Q B M T R K R D R A R
N D P S W N R Z B G T U O S A
A R H U I G E T A R T S G I N
R C Z G T F P C A J D F N F K
H A R K J I N O C D E P E G O
B H T K M Y H H I T A M P F N
V A Q U D I A G O N A L W C T
E Z R L A W A N I A M E P D E
I I N T U R N A M E N C K X S
X L S O D D E Y I C I L K T H
```

LAWAN
PUTIH
JUARA
KONTES
TANTANGAN
DIAGONAL
CERDIK
PERMAINAN
PEMAIN
HITAM

PASIF
POIN
RATU
ATURAN
RAJA
PENGORBANAN
STRATEGI
WAKTU
TURNAMEN

7 - Herboristerie

```
B  K  R  Z  N  A  A  P  X  Y  V  E  N  M  A
A  U  A  J  I  H  R  K  U  A  L  I  T  A  S
W  L  R  R  A  R  O  M  A  T  I  K  R  S  P
A  I  J  O  Q  R  T  G  E  Y  T  C  W  A  C
N  N  S  S  K  E  M  A  N  G  I  I  P  R  B
G  E  A  E  K  M  I  N  T  P  L  B  M  F  K
P  R  D  M  Q  E  R  G  V  S  E  A  B  I  U
U  E  A  A  Y  A  B  U  V  K  S  H  U  M  N
T  D  S  R  P  Z  S  U  W  B  R  A  N  J  Y
I  N  P  Y  N  C  I  D  N  F  E  N  G  K  I
H  E  T  A  R  R  A  G  O  N  T  N  A  J  T
Z  V  M  A  R  J  O  R  A  M  E  T  K  Z  R
T  A  A  F  N  A  M  R  E  B  P  H  T  L  P
J  L  T  M  M  R  J  N  P  A  I  T  K  K  X
L  L  A  V  T  B  T  O  P  Y  F  K  W  J  N
```

BAWANG PUTIH	LAVENDER
AROMATIK	MARJORAM
KEMANGI	MINT
BERMANFAAT	PETERSELI
KULINER	KUALITAS
TARRAGON	ROSEMARY
ADAS	KUNYIT
BUNGA	RASA
BAHAN	TIMI
KEBUN	HIJAU

8 - Photographie

```
F  I  T  K  E  P  S  R  E  P  B  N  Z  M  H
S  O  K  O  M  P  O  S  I  S  I  A  J  E  F
U  U  R  U  T  S  K  E  T  R  F  A  T  L  R
B  A  K  M  S  B  Q  R  O  J  K  Y  A  U  J
J  N  L  I  A  K  G  N  I  B  R  A  H  N  T
E  Y  T  E  R  T  O  P  A  I  G  H  I  A  H
K  N  E  X  T  S  I  V  I  S  U  A  L  K  O
U  A  P  H  N  P  S  Y  N  I  K  C  E  K  B
P  G  N  F  O  H  I  T  A  M  I  N  M  A  J
Y  N  I  P  K  N  N  O  R  N  F  E  Y  N  E
K  A  M  E  R  A  I  Q  E  L  R  P  X  P  K
F  Y  W  L  E  X  F  U  M  G  M  A  X  K  O
M  A  G  O  Q  U  E  L  A  H  R  F  W  V  L
J  B  L  Q  J  H  D  N  P  L  Y  J  M  C  M
K  E  G  E  L  A  P  A  N  H  F  L  N  V  E
```

MELUNAKKAN
BINGKAI
KAMERA
KOMPOSISI
KONTRAS
WARNA
DEFINISI
PAMERAN
PENCAHAYAAN
FORMAT

HITAM
OBJEK
KEGELAPAN
BAYANGAN
PERSPEKTIF
POTRET
SUBJEK
TEKSTUR
VISUAL
MELIHAT

9 - Véhicules

```
T R A K T O R P P E R A H U A
S I T P T Y C E K K P X S N M
W K Q R Z L K S J Y A Q Z V B
U Z D Q W P H A L I F A K T U
H S E P E D A W I X M G E R L
L E H W B W G A B J T L L U A
Q H L Q C F K T O A T S V K N
M U T I K A R G M T N K I J S
O Q C R K R V B T A G U H S K
T J U E C O D I E L T T U H S
O D T F I T P S P W C E I S Q
R T A K S I D T E K O R R U S
Y C Y F X P J I E Q M E C E G
F A E W I P A D V R X A J T K
S W N O K A P A L S E L A M P
```

AMBULANS	SHUTTLE
PESAWAT	BAN
PERAHU	RAKIT
BIS	SKUTER
TRUK	KAPAL SELAM
KAFILAH	TAKSI
FERI	TRAKTOR
ROKET	KERETA
HELIKOPTER	SEPEDA
MOTOR	MOBIL

10 - Camping

```
F M P L F Y B N X C L E U P M
J E N S Y N N M L E N T E R A
D A N A U T J W P W O A I S L
P O S P R E I M E H H D L S A
X G U M E K D H T A O N A U I
P L L O Q X D O U C P E T Y B
L E C K T P U O A E Z T J R S
Y V R R Z O J I L Q N T B K E
Z N P A T E P J A K A B I N R
H T G S L S C I N P T D E C A
K A N O H A R P G N U N U G N
K M H S Q Y T A A W H B K R G
B E R B U R U A N J P V B X G
B I N A T A N G N W M F R E A
P F L J N S B C V Q F C V A K
```

BINATANG	PERALATAN
POHON	API
PETUALANGAN	HUTAN
KOMPAS	SERANGGA
KABIN	DANAU
KANO	LENTERA
PETA	BULAN
TOPI	GUNUNG
BERBURU	ALAM
TALI	TENDA

11 - Écologie

```
K E K E R I N G A N R Q Z A K
V N I W R M A W T I O A I H O
C A X O T V M L R E C V W C T
M A R T K N A A L A M I A A V
C D B I L B N N Z I P Y K S N
S E K M A L A U J E N I S R O
I B X N Z S T A T I B A H E R
Y R S X E P I F Z D D Y V L V
B E R K E L A N J U T A N A F
Y P G U N U N G F I B W K W L
K O M U N I T A S K L L S A O
S U M B E R D A Y A U A Z N R
P H M T A I K L I M I R U X A
V E G E T A S I M O M D S T X
M T N Z W C J G L O B A L H D
```

RELAWAN	RAWA
IKLIM	LAUT
KOMUNITAS	GUNUNG
PERBEDAAN	ALAM
BERKELANJUTAN	ALAMI
JENIS	TANAMAN
FAUNA	SUMBER DAYA
FLORA	KEKERINGAN
GLOBAL	VARIASI
HABITAT	VEGETASI

12 - Géométrie

```
J D R D G K Q V K J R S K K A
J B Y P E R M U K A A N G A N
L I N G K A R A N U I J Z L Y
M R W A P A R A L E L K F K B
A T K Z K R S I H F P Y U U P
S E O L Y I E T E O R I M L R
S M D W Z A G I T I G E S A O
A I K I R O M O N J X P E S P
E S A U M H E G L S D Y U I O
A T H Q R E N A I D E M P N R
T N T M K V N T I N G G I P S
U U N F F Q A S K F B P S F I
D I A M E T E R I C D U H C J
U P E R S A M A A N E N M M Z
S T P V E R T I K A L O X Z N
```

SUDUT
KALKULASI
LINGKARAN
KURVA
DIAMETER
DIMENSI
PERSAMAAN
TINGGI
LOGIKA
MASSA

MEDIAN
NOMOR
PARALEL
PROPORSI
SEGMEN
PERMUKAAN
SIMETRI
TEORI
SEGITIGA
VERTIKAL

13 - Les Médias

```
P  T  C  P  I  S  K  R  C  K  D  F  F  D  J
E  D  Q  Q  S  S  P  O  A  U  F  O  C  L  A
N  P  P  C  A  B  G  F  R  D  L  T  X  E  R
D  E  E  G  K  F  H  A  O  A  I  O  O  I  I
I  N  E  D  I  S  I  K  Z  X  N  O  I  G  N
D  D  Y  Z  N  Z  A  T  D  A  R  I  N  G  G
I  A  L  B  U  F  H  A  T  G  W  X  M  W  A
K  N  S  D  M  P  T  E  L  E  V  I  S  I  N
A  A  W  X  O  A  E  I  N  D  U  S  T  R  I
N  A  S  F  K  K  B  N  L  O  K  A  L  P  O
Y  N  H  V  T  I  T  I  D  Z  I  C  V  V  D
K  O  M  E  R  S  I  A  L  A  T  I  G  I  D
E  W  U  D  I  V  I  D  N  I  P  M  B  A  L
K  W  M  A  B  G  E  F  B  W  C  A  Y  O  E
L  A  U  T  K  E  L  E  T  N  I  D  T  J  A
```

SIKAP	INTELEKTUAL
KOMERSIAL	KORAN
KOMUNIKASI	LOKAL
DARING	DIGITAL
EDISI	PENDAPAT
PENDIDIKAN	FOTO
FAKTA	UMUM
PENDANAAN	RADIO
INDIVIDU	JARINGAN
INDUSTRI	TELEVISI

14 - Diplomatie

```
K  T  T  I  W  E  X  D  D  I  Z  Q  D  K  K
I  O  Q  I  N  H  O  U  I  W  S  I  I  O  E
T  I  N  L  D  A  A  T  S  G  A  S  P  M  A
I  S  R  F  T  T  B  A  K  I  T  E  L  U  M
L  U  P  Z  L  N  T  B  U  A  I  T  O  N  A
O  L  E  D  X  I  S  E  S  W  R  Y  M  I  N
P  O  Y  R  A  R  K  S  I  W  G  Z  A  T  A
A  S  I  N  G  E  Y  A  W  Q  E  W  T  A  N
X  E  E  L  W  M  G  R  G  W  T  X  I  S  L
M  R  Q  T  T  E  A  B  Z  A  N  T  K  P  X
K  P  T  Q  Q  P  E  Q  T  R  I  H  L  Q  C
K  E  R  J  A  S  A  M  A  G  B  P  B  S  U
K  E  A  D  I  L  A  N  A  A  T  U  D  E  K
P  E  N  A  S  I  H  A  T  S  O  L  U  S  I
K  E  M  A  N  U  S  I  A  A  N  D  I  V  U
```

KEDUTAAN   ASING
DUTA BESAR   PEMERINTAH
WARGA   KEMANUSIAAN
KOMUNITAS   INTEGRITAS
KONFLIK   KEADILAN
PENASIHAT   POLITIK
KERJA SAMA   RESOLUSI
DIPLOMATIK   KEAMANAN
DISKUSI   SOLUSI
ETIKA

15 - Astronomie

```
O B S E R V A T O R I U M C M
O Q I S A L E T S N O K P O E
N P S D F Y R R U P S A J Q T
B U L A N W Y U P L E U V E E
A S T R O N O M E A Q Y R J O
N L Z A V L W R R N U U X Y R
A L U U R M S O N E I M U B A
H T M B L T E K O T N U P N G
R N H F E O R E V D O I J H E
E J J J P N A T A G X S V P B
G F G U W O D A S T E R O I D
K S X V Y R I S K A L A G G H
S G X D T T A L A N G I T E V
I M M J G S S O M S O K X J I
T X Q Y D A I I N D W Q O R M
```

ASTEROID
ASTRONOT
ASTRONOM
LANGIT
KONSTELASI
KOSMOS
GERHANA
EQUINOX
ROKET
GALAKSI

BULAN
METEOR
NEBULA
OBSERVATORIUM
PLANET
RADIASI
SURYA
SUPERNOVA
BUMI

16 - Physique

```
P M A G N E T I S M E E L G K
S C G X U I G L J X D L Y R E
G W C R Y A R B I C Q U A E K
N R X N A T A P E C E K I L A
H D L J R S V M N I S E M A C
P I A Y U A I O A I A L I T A
F A S T M K T T T S G O K I U
B R R U U I A A A A S M N V A
N B E T S N S Z D R C A A I N
U M V K I A I E A E G K H T S
K W I J U K I H P L L C A A V
L I N L U E E Z E E M E B S E
I D U Z G M N L K S P O H E N
R V Z M Y P R S S K B B V K A
E L E K T R O N I A K D N N X
```

AKSELERASI
ATOM
KEKACAUAN
BAHAN KIMIA
KEPADATAN
ELEKTRON
RUMUS
FREKUENSI
GAS
GRAVITASI

MAGNETISME
MASSA
MEKANIKA
MOLEKUL
MESIN
NUKLIR
PARTIKEL
RELATIVITAS
UNIVERSAL
KECEPATAN

17 - Types de Cheveux

```
T  A  H  E  S  I  P  I  T  V  B  Q  C  P  Z
P  E  P  G  Y  J  U  U  U  D  M  O  Q  L  C
B  E  B  F  Z  D  C  E  M  U  Y  R  T  N  F
E  L  R  A  P  A  N  J  A  N  G  Y  B  A  S
R  E  X  A  L  A  K  I  R  E  N  V  E  U  K
G  M  I  P  K  B  O  K  K  Z  I  C  R  R  D
E  B  H  I  T  U  P  B  F  L  R  M  K  G  I
L  U  M  R  A  B  K  E  D  N  E  P  I  J  K
O  T  J  A  L  A  F  R  R  L  K  X  L  Q  E
M  O  H  N  E  U  L  W  J  M  Q  L  A  A  P
B  P  H  G  K  B  T  A  I  F  L  Z  U  H  A
A  T  J  H  O  A  F  R  T  A  X  B  Q  I  N
N  J  T  T  C  S  M  N  R  R  Y  E  C  T  G
G  D  R  W  C  Z  I  A  T  S  V  T  B  A  I
K  E  R  I  T  I  N  G  F  U  O  G  S  M  Y
```

PERAK	KERITING
PUTIH	ABU-ABU
PIRANG	PANJANG
IKAL	COKELAT
BERKILAU	TIPIS
BOTAK	HITAM
BERWARNA	BERGELOMBANG
PENDEK	SEHAT
LEMBUT	KERING
TEBAL	DIKEPANG

18 - Archéologie

```
P  K  E  T  U  R  U  N  A  N  F  J  G  Z  A
E  D  I  K  E  T  A  H  U  I  L  H  A  L  N
N  A  B  A  D  A  R  E  P  L  T  E  G  M  A
E  W  M  V  H  Y  I  Y  D  U  U  N  L  X  L
L  I  S  O  F  O  A  Z  M  U  Q  A  P  R  I
I  Z  P  F  V  J  D  Y  Y  L  X  L  K  I  S
T  F  A  C  P  N  I  S  A  U  L  A  V  E  I
I  T  C  M  Y  O  L  T  M  H  O  D  E  W  S
Z  W  K  B  A  G  U  E  I  A  K  I  L  E  R
O  B  J  E  K  N  P  M  S  D  M  U  L  O  W
N  V  G  T  Z  A  A  B  T  N  A  U  I  U  X
T  X  M  Y  S  L  K  I  E  A  K  B  T  L  R
H  E  L  N  W  U  A  K  R  M  A  J  R  I  V
M  E  K  G  W  T  N  A  I  A  M  M  R  M  M
V  R  O  S  E  F  O  R  P  J  C  O  L  X  M
```

ANALISIS	DIKETAHUI
JAMAN DAHULU	MISTERI
PENELITI	OBJEK
PERADABAN	TULANG
KETURUNAN	DILUPAKAN
AHLI	TEMBIKAR
ZAMAN	PROFESOR
TIM	RELIK
EVALUASI	KUIL
FOSIL	MAKAM

19 - Mammifères

```
Q H R T O M W P N O M A B L Z
A N P U X B E R U A N G A U E
J M Q L B Z S A J L B N N M B
P H T E F A J C A A K I T B R
P A O H D B H L T G O S E A A
M L U X X M X D L I O V N L K
K I B S I O L C F R K J G U V
C R G K E D L D V E A Y N M T
O O H A R I M A U S N C I B L
H G Y K E L I N C I G L J A I
Y V V O G A J A H G U Y N C A
K U D A T E Y N O M R H A W D
Q N H Q I E P Z U S U E E U H
T E Z I J E R A P A H W I G K
B K U C I N G N W O Q R D W M
```

PAUS   KELINCI
KUCING   SINGA
KUDA   SERIGALA
ANJING   DOMBA
COYOTE   BERUANG
LUMBA-LUMBA   RUBAH
GAJAH   MONYET
JERAPAH   BANTENG
GORILA   HARIMAU
KANGURU   ZEBRA

20 - Chocolat

```
J  Z  L  F  P  J  U  F  K  D  X  A  G  K  W
V  Y  I  I  E  L  V  S  A  E  X  W  G  A  L
L  A  N  A  S  I  T  R  A  V  L  V  H  K  C
E  J  W  P  E  B  A  H  A  N  O  A  H  A  X
M  W  X  I  R  W  S  S  G  J  K  R  P  O  K
A  N  T  I  O  K  S  I  D  A  N  R  I  A  A
R  E  I  M  I  J  D  R  F  L  W  A  K  T  L
A  A  P  R  P  T  C  E  Y  U  B  S  U  U  O
K  A  E  X  L  J  N  A  J  G  U  A  A  Q  R
K  W  Q  E  K  S  O  T  I  S  B  W  L  M  I
P  A  H  I  T  L  I  L  B  Z  U  I  I  J  L
Z  M  P  E  R  M  E  N  E  Z  K  Y  T  A  P
M  O  J  B  W  D  R  N  U  Z  G  K  A  T  Z
U  R  Q  I  X  Q  G  Z  Q  T  A  K  S  Z  V
M  A  N  I  S  K  A  C  A  N  G  T  B  R  M
```

PAHIT	MANIS
ANTIOKSIDAN	EKSOTIS
AROMA	FAVORIT
ARTISANAL	RASA
PERMEN	BAHAN
KACANG	KELAPA
KAKAO	BUBUK
KALORI	KUALITAS
KARAMEL	RESEP
LEZAT	GULA

21 - Mathématiques

```
P  V  Y  P  S  Y  E  D  K  H  I  T  U  N  G
A  O  I  P  O  J  U  M  L  A  H  U  I  L  S
R  L  A  E  E  L  U  R  G  G  M  D  U  I  I
A  U  L  N  C  R  I  B  M  G  A  U  T  N  M
L  M  Y  A  Y  E  I  G  P  Z  R  S  E  G  E
E  E  T  G  O  T  C  M  O  L  G  U  G  K  T
L  A  M  I  S  E  D  I  E  N  O  I  A  A  R
L  C  H  T  N  M  A  T  U  T  L  D  K  R  I
T  N  U  I  I  A  N  D  U  A  E  A  L  C  B
L  J  L  G  E  I  K  O  N  K  L  R  U  A  G
J  H  O  E  P  D  W  E  W  O  L  N  R  Y  K
P  E  R  S  E  G  I  G  J  K  A  C  U  D  Q
G  E  O  M  E  T  R  I  I  A  R  Q  S  S  M
F  R  A  K  S  I  B  B  K  F  A  A  L  H  R
P  E  R  S  A  M  A  A  N  C  P  M  X  L  T
```

SUDUT
HITUNG
PERSEGI
LINGKAR
DESIMAL
DIAMETER
PERSAMAAN
FRAKSI
GEOMETRI
PARALEL

PARALLELOGRAM
TEGAK LURUS
PERIMETER
POLIGON
RADIUS
JUMLAH
SIMETRI
SEGITIGA
VOLUME

22 - Mythologie

```
K I V K M A K H L U K P A B U
V C N Z E C P U C A B A P U V
P Z A N S C P Z X G E Q E D Q
P E A A M P E X J J S P R A H
L Q T N S A P M Z L U H I Y B
V R P I R H K O B I A G L A E
I W I K R L J T L U Z K A A N
F K C A U A S A K A R U K T C
F F N Y T W N K M D D U U C A
M O E E N A T C U N H A A Y N
N I P K U N I R I B A L S N A
F U L H G P E J U A N G R A Q
A D N E G E L G Y A Z S V E R
N A I D A B A E K R J M K U S
A R E K E K U A T A N U P O Q
```

POLA DASAR
BENCANA
PERILAKU
PENCIPTAAN
MAKHLUK
KEYAKINAN
BUDAYA
PETIR
KEKUATAN
PEJUANG

PAHLAWAN
KEABADIAN
KECEMBURUAN
LABIRIN
LEGENDA
GAIB
RAKASA
FANA
GUNTUR

23 - Restaurant #2

```
P M Q O L G N Y G Y Z N R J D
T L Z J P A S L V G Y H E O I
O O T W Y R Y Z D K U D M K B
X Q D G T P C B P G U S P A J
K E I N E U K B Y O Y E A J Q
U R S A L S E N D O K P H X J
R U T I U M W X B F X R R Z M
S O X S R P C Y S W D J E S I
I N J N I C U K N U X K M X N
S A L A D B I K A N P N P L U
G R O K B U L E Z A T R A N M
O U X A H A G A R A M P H D A
J Y K M A H P P I U J R M X N
M A L A M N A K A M H T I Q T
R S G N R P E L A Y A N E S J
```

MINUMAN   KUE
KURSI   ES
SENDOK   SAYURAN
MAKAN SIANG   MIE
LEZAT   TELUR
MAKAN MALAM   IKAN
AIR   SALAD
REMPAH-REMPAH   GARAM
GARPU   PELAYAN
BUAH   SUP

24 - Beauté

```
H D B D E W H L I M M R J N K
F I D K C B A S Z H A D A M D
E U P K O I N N Y R S G S H J
H B D W F U R A G I K K A A R
W P E A U J A G F I A U N L L
B N Q O N O W E Q D R L O U I
A Z B L E D D L M M A I S S P
H G V K H D A E L I V T E J S
G U N T I N G N P N V J P Q T
K M O B D T S I L Y T S C W I
I K A L D Z E F Z A N T B B K
C E R M I N R M D K A S M O D
R A H M A T D R S I Z O D J K
F O T O G E N I K O P M A S K
K E A N G G U N A N K Z C Z D
```

IKAL	DANDAN
PESONA	MASKARA
GUNTING	CERMIN
KOSMETIK	WANGI
WARNA	KULIT
KEANGGUNAN	FOTOGENIK
ELEGAN	LIPSTIK
RAHMAT	JASA
MINYAK	SAMPO
HALUS	STYLIST

25 - Avions

```
K  H  P  K  O  N  S  T  R  U  K  S  I  B  M
E  I  E  Z  C  Z  W  E  O  P  I  F  A  Z  E
T  D  N  O  L  A  B  X  U  R  I  R  E  H  N
I  R  U  S  W  F  B  O  K  G  S  L  Z  R  G
N  O  M  U  K  Y  K  N  Z  Z  E  M  O  K  E
G  G  P  A  B  E  S  G  U  K  G  C  F  T  M
G  E  A  S  N  A  T  A  R  A  D  N  E  P  B
I  N  N  A  I  L  I  U  A  W  U  A  F  S  A
A  I  G  N  S  S  H  A  R  A  J  E  S  X  N
N  Z  L  A  E  X  N  T  A  U  D  J  G  A  G
X  G  U  L  M  Z  W  I  D  C  N  A  R  A  H
P  F  J  W  M  K  K  G  U  J  R  A  Y  T  Q
P  E  T  U  A  L  A  N  G  A  N  Z  N  S  T
M  L  Y  G  R  A  K  A  B  N  A  H  A  B  X
T  R  W  S  A  Z  N  L  T  I  N  G  G  I  U
```

UDARA	ARAH
KETINGGIAN	AWAK
SUASANA	MENGEMBANG
PENDARATAN	TINGGI
PETUALANGAN	SEJARAH
BALON	HIDROGEN
BAHAN BAKAR	MESIN
LANGIT	PENUMPANG
KONSTRUKSI	PILOT
KETURUNAN	

26 - Aventure

```
N A I N A R E B E K K Y K R M
C N L M G X Y I Q E E G E G E
E O U P B R T S Z G C T A B N
P E R S I A P A N E A A M G G
G N A U L E P G A M N K A E E
A N B K D N X I U B T E N K J
Y Z T G T B U V J I I S A E U
A L A M J I N A U R K E N S T
H K N P H A V N T A A M R U K
A O Y A E O D I L A N P W L A
B T W S U S N W T N H A F I N
R P C P Q Y I T A A Y T X T Z
E W E V F B D A Y L S A T A F
B X Q X N X K Y R P J N N N E
T I D A K B I A S A H Z H V G
```

AKTIVITAS
KECANTIKAN
KEBERANIAN
KESEMPATAN
BERBAHAYA
TUJUAN
KESULITAN
PESIAR
TIDAK BIASA

JADWAL
KEGEMBIRAAN
ALAM
NAVIGASI
BARU
PELUANG
PERSIAPAN
KEAMANAN
MENGEJUTKAN

27 - Ville

```
M S R S Z J H H F K P W T N H
R Y E F A R M A S I E S O I U
P U T K M W E W L N R U K H F
C W A U O U O T R I P P O M L
V A E U Z L S J O L U E R P O
L E T O H T A E P K S R O R R
H S S A L O N H U N T M T G I
C T P A P G K N C M A A I T S
O A D N L A A Z B K K R M O T
S D O B V G S F N K A K F K M
G I R E L A G A C S A E M O G
P O K S O I B Z R B N T M B G
W N A R O T S E R W V F F U S
B P L Q O F B A N K V M Y K I
B A N D A R A F T V X J X U X
```

BANDARA   TOKO BUKU
BANK   PASAR
PERPUSTAKAAN   MUSEUM
TOKO ROTI   FARMASI
BIOSKOP   RESTORAN
KLINIK   SALON
SEKOLAH   STADION
FLORIST   SUPERMARKET
GALERI   TEATER
HOTEL

28 - Ingénierie

```
D F B W D D D W C L C M E W K
I O T W I L I G R E N E Y J O
S A U T E X S A S U M B U F N
T K H S S Z A D M Q S F Y M S
R I A C E R L I K E A W I E T
I M T Q L U U A E U T N N S R
B E O S I T K G D F I E A I U
U U O T V K L R A G L O R N K
S A N L O U A A L O I U U I S
I F H F G R K M A Y B B K E I
K E K U A T A N M B A J U Z S
S U D U T S X V A T T P G B A
I P D B M W O Q N C S Z N Z T
M P H Y T S T F S R G B E Z O
Z A L H Q I S L U P O R P H R
```

SUDUT
SUMBU
KALKULASI
KONSTRUKSI
DIAGRAM
DIAMETER
DIESEL
DISTRIBUSI
ENERGI
KEKUATAN

TUAS
CAIR
MESIN
PENGUKURAN
MOTOR
KEDALAMAN
PROPULSI
ROTASI
STABILITAS
STRUKTUR

29 - Énergie

```
K T E R B A R U K A N O B M X
A N I G N A I S U L O P A A N
R O T O M X L E B A T B H T T
B R B T C D K E I O O E A A O
O T Q Y U I U V D G F N N H G
N K E J Q R N X V Y N S B A L
E E H G T T B E O L C I A R I
G L I L E S E I D I L N K I M
O E B P B U T P N S G D A H T
R K N W Q D B O C T E D R P R
D G X C O N H R G R Q D O A N
I R U Y I I W T P I K Y P I T
H N T O N A G N U K G N I L A
P A N A S Z F E B A T E R A I
Y D X W Q L F L A Z F V V J T
```

BATERAI	HIDROGEN
KARBON	INDUSTRI
BAHAN BAKAR	MOTOR
PANAS	NUKLIR
DIESEL	FOTON
ENTROPI	POLUSI
LINGKUNGAN	TERBARUKAN
BENSIN	MATAHARI
LISTRIK	TURBIN
ELEKTRON	ANGIN

30 - Corps Humain

```
D N H M F Q R T O Q Y J H C A
A A R R U L D L E R T C A J S
G P S A T A D M D L Q A J R O
U X I E S R C E U G Y T A E I
G R K D U P E T G P L M W H N
G N U D I H Z U A R H E A E O
K J G N A H A R H N G N T L R
O H S H G R L E A S G V A R D
L I W B N S A P T G J A D E P
M O G V I X P H I U A U N C F
J D E F L P E L I D A H X I X
O T A K E I K Z S I H A Z J I
P O W Z T K U L I T P B B L Q
K L U T U T B I B I R Z F N E
C K V W M U L U T M Q X C E B
```

MULUT	BIBIR
OTAK	TANGAN
LEHER	RAHANG
SIKU	DAGU
HATI	HIDUNG
JARI	TELINGA
PERUT	KULIT
BAHU	DARAH
LUTUT	KEPALA
LIDAH	WAJAH

31 - Biologie

```
Z M A M A L I A A J Q Q Y G S
S Y B X C N E N X L H M A T A
F I I B Q L G D A B A T U Q R
N O M R O H U O R A A M N K A
R B T B B Q M X E K N K I R F
I A Z O I F P G N T A O E O M
N F S C S O N B Z E T L T M T
L S P A N I S L I R O A O O H
E M B R I O N I M I M G R S N
O S M O S I S T S I I E P O I
E V O L U S I P E I K N Q M O
Z W Q S Z S W E D S Y K N M W
K P D H C E T R J M I D P B K
H Z D S G L Y V Q S M S X Y N
N E U R O N V J M U T A S I R
```

ANATOMI	MUTASI
BAKTERI	ALAMI
SEL	SARAF
KROMOSOM	NEURON
KOLAGEN	OSMOSIS
EMBRIO	FOTOSINTESIS
ENZIM	PROTEIN
EVOLUSI	REPTIL
HORMON	SIMBIOSIS
MAMALIA	SINAPS

32 - Épices

```
P K A H I N L H U M G C D Q U
A E D K A R I A G A L U P A K
L T A A S A M I D R J A W K V
A U S I N A M U Y A K B M I A
R M H F N Y K N Y G W X M R N
U B L K R L V A T V U E J P I
O A D U E N A Y O Y U P H A L
Z R B A W A N G P U T I H P A
S X I U O B O E U T L S W T R
G R A S A N A Y T G F K T X R
N T S H A Z K C R N X J A H E
A N I S E C I R O C I L P E F
W R V H D R G K F Q H J V G J
A C B R A O X K U N Y I T V H
B B L S R P W Q O Z L P U L D
```

ASAM	JAHE
BAWANG PUTIH	PALA
PAHIT	BAWANG
ANISE	PAPRIKA
KAYU MANIS	LADA
KAPULAGA	LICORICE
KETUMBAR	KUNYIT
JINTEN	RASA
KARI	GARAM
ADAS	VANILA

33 - Agronomie

```
B K O I H N N P H M Y P X N O
C O X Q X D W O P B B E F A B
X E D L I U Y L E V N R I A N
F Q R Z I J T U N N R T R S A
P F J O K M M S Y A C A W E H
Z H R T S C A I A G Y N Z D U
P K D J Z I K S K N H I N E B
C Q S Z Z G A K I U I A E P M
B M Z E H O N U T K P N R D U
J E G B Y L A D E G K U H C T
F I L X D O N O S N J T P F R
W L B A W K H R I I F M X M E
S M J I J E Q P R L F Q Y Q P
T U N A A A C O S A Y U R A N
E N E R G I R S I S T E M E C
```

PERTANIAN
PERTUMBUHAN
AIR
PUPUK
LINGKUNGAN
EKOLOGI
ENERGI
EROSI
BELAJAR
BENIH

SAYURAN
PENYAKIT
MAKANAN
POLUSI
PRODUKSI
RISET
PEDESAAN
ILMU
SISTEM

34 - Science

```
P D A L N A A B O C R E P M M
S A Z V G I D C B Z B Q T F I
X K R Q I I G F S S A X X T N
R I D T L B B M E I H B X G E
Y S B F I I N L R S A I M R R
O I T L S K P A V E N O X A A
O F E D O T E M A T K A F V L
A L A M F D Z L S O I B B I E
M O L E K U L R I P M E Q T W
A U Z N S U T B W I I E S A C
D A T A X P M Y D H A N P S K
L A B O R A T O R I U M A I H
O R G A N I S M E X P R T T L
I K L I M Z O A I S U L O V E
I L M U W A N J N I O C M P T
```

ATOM	LABORATORIUM
BAHAN KIMIA	METODE
IKLIM	MINERAL
DATA	MOLEKUL
PERCOBAAN	ALAM
EVOLUSI	OBSERVASI
FAKTA	ORGANISME
FOSIL	PARTIKEL
GRAVITASI	FISIKA
HIPOTESIS	ILMUWAN

35 - Vêtements

```
B G P W Y O U E A S O I P C X
R U M T D R L A N G C K T E D
S T G L G N U L A K M A D X R
H A H J G S H V G A F T F B D
L P C T H D W U N N V P Q F E
G E L A N G A E A A P I V G V
C S C R X J S D T L Z N F A N
O E S Y A L D O G E U G P U X
D E L B L U S M N C R G F N Z
T X E E P E J B U U J A B D N
O S T P M I Z R R N I N B R P
P R N P V E Y I A S V G R O I
I P A R S A K A S J E A N S B
H M M R A L K W M S A N D A L
L U N I O V G M N A R O K J S
```

GELANG	ROK
IKAT PINGGANG	MANTEL
TOPI	MODE
SEPATU	CELANA
BAJU	SWETER
BLUS	PIYAMA
KALUNG	GAUN
SYAL	SANDAL
SARUNG TANGAN	CELEMEK
JEANS	JAS

36 - Arts Visuels

```
Z N B P L U K I S A N U M N T
P N F I O J T K A P U R A Z Q
E L I N P T W E L Z P F H T U
N I T I E L R T H M G I A A U
Y S K Q R K I E S O V L K N F
A N E P N X S L T L V M A A O
N E P L I L I P I M N X R H T
G P S N S K S F A N N R Y L O
G A R A N G O Q Z T F J A I G
A U E K A S P C G A U V T A I
A G P K I N M N I I Z N L T C
A R T I S I O P Z X B G G O I
P U D E L H K I M A R E K F I
O G O L R A R S I T E K T U R
K R E A T I V I T A S V S X Q
```

ARSITEKTUR	PENSIL
TANAH LIAT	KREATIVITAS
ARTIS	FILM
KERAMIK	LUKISAN
ARANG	PERSPEKTIF
MAHAKARYA	FOTO
PENYANGGA	POTRET
LILIN	PATUNG
KOMPOSISI	PENA
KAPUR	PERNIS

37 - Méditation

```
P  E  P  A  Y  B  A  O  D  O  I  O  T  P  B
W  E  C  E  E  N  A  K  A  R  E  G  E  E  B
T  Q  R  G  N  Q  N  N  J  R  E  U  N  R  H
S  Y  K  H  D  E  C  F  G  T  B  I  A  S  O
H  K  E  C  A  B  R  U  K  U  Y  S  N  P  G
M  E  S  C  K  T  V  I  O  U  N  O  G  E  M
E  B  U  G  E  V  I  P  M  O  B  M  T  K  U
N  I  N  N  J  F  M  A  L  A  A  E  E  T  S
T  A  Y  A  E  P  E  K  N  X  A  U  D  I  I
A  S  I  R  L  W  C  I  X  E  S  N  Z  F  K
L  A  A  I  A  O  B  S  E  R  V  A  S  I  W
X  A  N  K  S  J  G  H  A  V  U  V  A  F  L
C  N  A  I  A  M  A  D  R  E  P  S  Z  I  M
F  K  J  P  N  A  K  I  A  B  E  K  R  Y  E
K  A  S  I  H  S  A  Y  A  N  G  W  C  T  X
```

PENERIMAAN   KEBIASAAN
PERHATIAN   MENTAL
TENANG   GERAKAN
KEJELASAN   MUSIK
KASIH SAYANG   ALAM
PIKIRAN   OBSERVASI
EMOSI   PERDAMAIAN
BANGUN   PERSPEKTIF
KEBAIKAN   SIKAP
SYUKUR   KESUNYIAN

38 - Littérature

```
W  I  J  U  G  Z  N  A  M  A  R  I  D  I  A
P  D  D  U  G  A  Y  A  N  A  K  D  W  S  N
J  E  R  Q  J  R  Y  P  B  A  C  J  U  N  E
B  G  N  G  E  I  P  Q  I  Y  L  R  M  A  K
H  A  P  U  L  S  V  Q  O  D  K  I  I  G  D
V  R  Q  Z  L  W  X  C  G  E  E  G  S  N  O
J  T  R  J  V  I  R  G  R  S  S  O  S  I  T
E  B  O  T  U  M  S  T  A  K  I  L  A  D  S
M  E  T  A  F  O  R  A  F  R  M  A  J  N  Z
S  X  A  G  G  X  J  L  I  I  P  N  A  A  P
S  F  R  N  O  V  E  L  U  P  U  A  K  B  U
U  I  A  C  L  T  W  D  M  S  L  Z  U  R  I
P  K  N  H  A  N  E  R  U  I  A  H  M  E  S
D  S  I  T  I  U  P  M  Q  Q  N  D  B  P  I
N  I  Q  V  D  K  K  B  A  G  Q  X  F  S  G
```

ANALOGI	METAFORA
ANALISIS	NARATOR
ANEKDOT	PUISI
PENULIS	PUITIS
BIOGRAFI	SAJAK
PERBANDINGAN	NOVEL
KESIMPULAN	IRAMA
DESKRIPSI	GAYA
DIALOG	TEMA
FIKSI	TRAGEDI

39 - Nourriture #1

```
K E M A N G I S P U G N F D L
C G N I G A D U I P O K N W Z
Y N A L U G D P R A F P H V X
Q A N R I G Q D D D K O R R C
L W U N A L O B A K G U K U V
R A T Y L M A Y A B J H A M U
U B X Z E E O Y V Q U X Y J O
Y J Z W J A M F J J S L U T S
O I C G E C E O B Y Z J M F N
S T R O B E R I N D A L A S Z
S B A W A N G P U T I H N Q T
T U A D Z R X J Y Y H L I U E
X P S W O R T E L X V G S Y D
J P G U W J E L Q M Y G I K H
G R Z M F Z U E B Z U Y I D E
```

BAWANG PUTIH
KEMANGI
KOPI
KAYU MANIS
WORTEL
LEMON
BAYAM
STROBERI
JUS
SUSU

LOBAK
BAWANG
JELAI
PIR
SALAD
GARAM
SUP
GULA
TUNA
DAGING

40 - Jours et Mois

```
L  T  G  C  Y  I  T  O  S  L  O  K  Y  B  T
H  S  F  M  F  M  Y  Q  K  J  B  I  N  U  J
D  E  S  E  M  B  E  R  N  T  S  C  A  L  J
Y  I  D  U  E  L  J  U  L  I  O  P  Q  A  U
G  T  Q  Y  B  M  I  N  G  G  U  B  F  N  M
S  R  A  B  U  Q  R  R  S  H  T  W  E  Y  A
I  E  I  J  J  W  A  B  P  C  B  T  M  R  T
M  N  P  M  M  I  U  J  K  A  A  A  U  T  C
A  O  K  T  Y  V  N  I  N  E  S  U  R  I  C
K  V  I  E  E  Z  A  I  R  A  U  R  B  E  F
E  E  V  R  B  M  J  D  O  S  T  W  H  B  T
F  M  J  A  W  U  B  U  R  A  S  V  K  H  C
B  B  W  M  Z  Q  U  E  L  L  U  I  Y  O  S
H  E  N  M  Z  Z  Z  Q  R  E  G  F  G  B  C
W  R  E  D  N  E  L  A  K  S  A  R  Q  D  U
```

AGUSTUS	SENIN
APRIL	SELASA
KALENDER	MARET
DESEMBER	RABU
MINGGU	BULAN
FEBRUARI	NOVEMBER
JANUARI	OKTOBER
KAMIS	SABTU
JULI	SEPTEMBER
JUNI	JUMAT

41 - Entreprise

```
L  I  N  V  E  S  T  A  S  I  P  K  P  T  B
K  A  R  Y  A  W  A  N  V  B  E  E  A  R  O
P  E  N  J  U  A  L  A  N  E  R  U  B  A  N
P  S  S  C  N  O  K  O  T  Y  U  A  R  N  T
B  X  N  C  G  N  A  U  E  J  S  N  I  S  M
S  T  O  I  T  A  R  B  Q  D  A  G  K  A  U
J  X  K  Z  Z  T  I  X  A  T  H  A  G  K  I
W  W  S  T  L  A  E  R  O  L  A  N  N  S  G
Q  B  I  D  T  P  R  O  T  N  A  K  A  I  J
X  D  D  M  S  A  A  S  R  L  N  P  U  E  U
G  K  U  D  O  D  D  Y  B  I  A  Y  A  P  G
G  C  C  L  S  N  A  K  I  J  A  M  T  H  D
U  X  O  D  M  E  O  B  M  A  E  W  A  F  P
P  A  J  A  K  P  X  K  U  P  P  O  M  F  P
A  N  G  G  A  R  A  N  E  R  K  K  H  W  U
```

UANG	EKONOMI
TOKO	KEUANGAN
ANGGARAN	PAJAK
KANTOR	INVESTASI
KARIER	LABA
BIAYA	PENDAPATAN
MATA UANG	DISKON
MAJIKAN	TRANSAKSI
KARYAWAN	PABRIK
PERUSAHAAN	PENJUALAN

42 - Activités

```
V I K M R K I S A S K A L E R
O S E E E I E N I T O P U S J
Y A S M K M B R F R R K K V Q
I T E B R A E T A N I M I N K
Y I N A E R R P R J H Y S I E
H V A C A E B E G D I R A H A
Y I N A S K U R O O S N N S H
X T G C I N R M T J U U A F L
C K A G D Y U A O E O Z M N I
J A N L P W Z I F Q M H G F A
A A M S E N I N A F R X F L N
J W H P U D O A K H I K I N G
Y A S I I D N N Z K P Q K A D
Q J U Y T N B E R K E B U N W
R B B B P J G N I C N A M E M
```

AKTIVITAS
SENI
KERAJINAN
CAMPING
KERAMIK
BERBURU
KEAHLIAN
JAHIT
MINAT
BERKEBUN

PERMAINAN
MEMBACA
REKREASI
SIHIR
LUKISAN
MEMANCING
FOTOGRAFI
KESENANGAN
HIKING
RELAKSASI

43 - Mode

```
M B D F K O P A C W J I G E M
A H Y N T W T Q P G G O Z D H
H X N W R C K L P G W N J V C
B U T I K A D N E R J R G C I
S Q N A G N U R E D N E C E K
S U P O N G C V G V P D S H B
I E L M H G A J I L R O N U M
L T D A J I L S A N A M A Y N
A E Z E M H J X L I K H I C A
M K P L R A P E O A T G A E G
I S B O O H N D P K I A K M E
N T E B Q V A M Z R S Y A T L
I U M M G Y Q N O C G A P I E
M R A O O W X A A H C D R U X
K E K T E R J A N G K A U Z F
```

TERJANGKAU   SEDERHANA
BUTIK   POLA
TOMBOL   ASLI
SULAMAN   PRAKTIS
MAHAL   CANGGIH
NYAMAN   GAYA
RENDA   KECENDERUNGAN
ELEGAN   TEKSTUR
MINIMALIS   KAIN
MODERN   PAKAIAN

44 - Fleurs

```
M Y S E M A N G G I L S R Q C
A L I L A C L A V E N D E R L
G I Y T D T Y P P O P Z B G I
N L H Z A V N O I L E D N A D
O R R I Y L O V A L M P W R O
L C R O B J E M G A A Z D D F
I C W O I I P M L L W H J E F
A J E E G Y S I A D A P V N A
S Y U X E K P C X Q R L H I D
T U L I P E E H U J J U D A S
B U K E T L E R Q S H M D Z T
C J L A A O Z Z G V L E J C D
R T M Q W P P Q F G Z R W H C
C H Z R S A B D B L N I P W L
V U Q L B K Z M T N H A A Z W
```

BUKET
GARDENIA
HIBISCUS
MELATI
DAFFODIL
LAVENDER
LILAC
LILY
MAGNOLIA
DAISY

ANGGREK
POPPY
KELOPAK
DANDELION
PEONY
PLUMERIA
MAWAR
SEMANGGI
TULIP

45 - Nourriture #2

```
S  J  P  G  Y  I  I  H  F  Q  D  S  Q  B  H
U  C  D  K  D  J  Y  N  L  I  R  U  M  A  J
N  L  L  H  Z  O  G  A  L  K  O  P  U  G  A
R  I  H  H  Z  U  B  S  C  T  T  H  D  G  N
X  M  C  E  U  D  E  I  X  A  I  I  N  N  G
Y  S  K  V  D  E  R  D  X  B  R  R  A  A  S
I  H  B  I  N  E  H  C  C  C  E  D  G  M  I
X  B  U  R  O  X  L  G  G  P  C  E  I  B  K
C  T  M  H  M  H  B  R  O  K  O  L  I  W  A
B  R  N  I  L  G  L  U  U  C  B  E  W  E  N
H  P  I  S  A  N  G  L  A  G  S  S  I  N  A
A  O  T  A  X  O  U  E  V  P  G  O  K  K  Y
M  Y  C  O  K  R  R  T  K  K  E  N  B  D  A
X  Q  K  P  W  E  R  J  K  O  W  L  A  T  M
C  O  K  L  A  T  A  M  O  T  M  M  K  A  O
```

ALMOND	KIWI
TERONG	MANGGA
PISANG	TELUR
GANDUM	ROTI
BROKOLI	IKAN
CERI	APEL
SELEDRI	AYAM
JAMUR	ANGGUR
COKLAT	NASI
HAM	TOMAT

46 - Algèbre

```
E  S  G  O  V  C  P  B  K  P  D  W  X  G  T
J  K  I  F  A  R  G  W  N  E  A  D  W  B  A
A  I  S  K  U  R  U  N  G  N  N  D  X  P  K
E  R  U  P  N  S  Z  E  B  G  N  M  W  E  T
D  T  L  R  O  T  K  A  F  U  F  D  X  R  E
Y  A  O  O  C  N  T  S  G  R  R  I  M  S  R
N  M  S  O  U  N  E  Y  Y  A  A  A  A  A  B
Q  O  U  C  Y  P  W  N  I  N  K  G  S  M  A
P  Z  M  W  A  Y  G  P  Z  G  S  R  A  A  T
S  R  U  O  A  J  T  J  R  A  I  A  L  A  A
U  A  R  K  R  J  J  K  H  N  Z  M  A  N  S
Z  E  L  K  U  A  N  T  I  T  A  S  H  F  I
M  N  O  A  O  J  V  U  G  X  X  I  H  C  Q
I  I  N  X  H  A  L  M  U  J  X  A  P  W  M
S  L  E  B  A  I  R  A  V  D  H  K  D  S  O
```

DIAGRAM	MATRIKS
EKSPONEN	NOMOR
PERSAMAAN	KURUNG
FAKTOR	MASALAH
SALAH	KUANTITAS
RUMUS	SOLUSI
FRAKSI	JUMLAH
GRAFIK	PENGURANGAN
TAK TERBATAS	VARIABEL
LINEAR	NOL

47 - Océan

```
M B K L S J U C O X Z Y G R A
T H A B M U L A B M U L U U L
G J R R T I A D A B B B R M N
X I A V X U I P H W M E I P U
T N N A K I N B M L U L T U H
V I G N A D U A F I R U A T X
O Z R U B U R U B U E T U L L
M D L A G A R A M T T H J A S
B G X C M K E P I T I N G U P
A T R Q F M Y K P I P G K T O
K U X W V F I S Y G J L U Q N
Y R M P E N Y U I H A B E O S
H L J W U U N Z I N X L G J K
P E R A H U W Z W W G S V Y B
Z P Z E P Z M U D L G Q E X U
```

RUMPUT LAUT   UBUR-UBUR
BELUT   IKAN
PAUS   GURITA
PERAHU   HIU
KARANG   TERUMBU
KEPITING   GARAM
UDANG   BADAI
LUMBA-LUMBA   TUNA
SPONS   PENYU
TIRAM   OMBAK

48 - Remplir

```
T A S A V Q X M O K S A B V B
L M W A V L G N A J N A R E K
I I S C E U M S K P O L P M A
E V W D N J A X I A G P H N O
T X C Y D P T C Z S N P K X Q
Y Q G K A P A L D D N U K I Z
A L P N R E P O K Z B P E T I
X O P J U M B A K I O O R V C
K O T A K B E N E N T F N W A
B A R E L E A T H A O S X X L
V S P V R R R T Z X L V K D E
Z A A S A A P M K D D B B Y R
R K K R J J I A L Q R Z Y F P
U U E K A R T O N Z C D F O M
T U T Q L I L K H K Z V H G V
```

BAREL	PAKET
BASKOM	BAKI
KOTAK	SAKU
BOTOL	JAR
PETI	TAS
KARTON	EMBER
MAP	LACI
AMPLOP	TABUNG
KAPAL	KOPER
KERANJANG	VAS

49 - Antiquités

```
L E L A N G D V O Z S Z Z R H
K E K Y A V L E B E M N H Z W
O L U N S V K D K P A T U N G
I E A A I L S A Q O G G A Y A
N G L Z K I G B Y T R M U P Q
R A I C U F N A P I A A E V Y
S N T W L B R V L N H J T L Z
T I A N I L A I E E E R N I R
N A S A I H R E P S R J F H F
R E S T O R A S I I T I T U A
T I D A K B I A S A P A O N Y
L K R V W D P S W J O S S Y U
A Z L J N V F F L Z C Y G I Z
H B X L Z X J Y T M H Z R D S
W F V L Q F Y R Y N V T X G L
```

SENI	LUKISAN
ASLI	KOIN
PERHIASAN	HARGA
DEKORATIF	KUALITAS
LELANG	RESTORASI
ELEGAN	PATUNG
GALERI	ABAD
TIDAK BIASA	GAYA
INVESTASI	NILAI
MEBEL	TUA

50 - Boxe

```
L O N C E N G S Z J U A J E X
S A R U N G T A N G A N W V B
P K X K A S I Z E E P A I N M
K E L I V K H Q B F D I X X O
Q F J S F P C N A P O L W D B
O E Y U G A D V Z F U H K G D
J N A T A U K E K E J A W Y E
T Y K N G N A D N E N E M R F
W U K A C C G T A L I K G K T
V A B Q I A B A W V T Y U P S
I N S U K O F P A Q U I Q B D
E C Z I H A L E L P D R Z B Q
X C S Z T B R C V O U G T L J
P E M U L I H A N I S T M D X
M K S I H Q X B B N T R G Y V
```

LAWAN
WASIT
LONCENG
SUDUT
PEJUANG
KEAHLIAN
FOKUS
TALI
TUBUH
SIKU

MENENDANG
LELAH
KEKUATAN
SARUNG TANGAN
DAGU
TINJU
POIN
CEPAT
PEMULIHAN

51 - Réchauffement Climatique

```
T Z G G I I N D U S T R I P K
I G R E N E W J J A E M L E R
S A S N T A T I B A H A E M I
A R E E E T W S Y A U S G E S
L K K R R I B U U Z X A I R I
U T A A N C N G M H Z D S I S
P I R S A B Z C I L U E L N B
O K A I S A G N L D I P A T F
P S N Y I C S H K I H A S A L
T N G B O T P P I U M N I H J
D A T A N L I N G K U N G A N
B X O S A P E R H A T I A N U
D B X I L B N P B D J L Z Y H
P E M B A N G U N A N Y U N E
R W L U L M T R X J F A G T J
```

ARKTIK	GENERASI
PERHATIAN	PEMERINTAH
IKLIM	HABITAT
KRISIS	INDUSTRI
PEMBANGUNAN	INTERNASIONAL
DATA	LEGISLASI
LINGKUNGAN	SEKARANG
ENERGI	POPULASI
MASA DEPAN	ILMUWAN
GAS	SUHU

52 - Ballet

```
H  E  I  P  U  C  R  E  U  S  H  S  A  H  K
T  E  P  U  K  T  A  N  G  A  N  O  N  A  J
O  M  D  R  U  O  M  I  Y  X  U  L  G  D  S
A  Z  U  E  M  T  A  Q  A  W  B  O  G  I  L
R  C  T  S  F  O  R  H  R  U  Y  T  U  R  M
T  U  E  O  I  Y  I  E  T  K  F  F  N  I  F
I  F  K  P  F  K  B  X  S  H  U  N  K  N  I
S  L  N  M  A  I  N  T  E  N  S  I  T  A  S
T  A  I  O  R  M  S  I  K  A  P  R  X  I  E
I  T  K  K  G  S  N  K  R  Y  L  I  D  L  R
K  I  I  V  O  E  A  B  O  A  C  F  X  H  P
U  H  Y  X  E  S  V  K  I  G  N  K  I  A  S
M  A  N  I  R  E  L  A  B  W  H  E  Y  E  K
H  N  N  J  O  R  N  O  O  E  C  Z  P  K  E
E  V  O  L  K  M  H  F  I  E  D  X  A  Z  G
```

TEPUK TANGAN	INTENSITAS
ARTISTIK	OTOT
BALERINA	MUSIK
KOREOGRAFI	ORKESTRA
KEAHLIAN	HADIRIN
KOMPOSER	LATIHAN
PENARI	IRAMA
EKSPRESIF	SOLO
SIKAP	GAYA
ANGGUN	TEKNIK

53 - Fruit

```
W H M P A L U R I S N M X L I
R Y A W H P W B O M C A E E O
C U N Y T Q R Y B L E P A M Q
N W G X Y T I I Y O R X B O G
U B G U S P O N K P I N R N G
B J A G A R A H Y O L P S R W
M E L O N K K Z R N T E B V N
A N Y N A A H C R J R P E X Y
J I A R N K S T E E Y A R Z F
U R L W I I Q I B R D Y R E Z
U A P P I W E F P U S A Y I Z
N T U S T I O X S K I S R E P
U C K N A O C L A R W N B A P
F E A D Q U B Z R U G G N A I
S N T P U U K L W W A L H H N
```

APRIKOT	KIWI
NANAS	MANGGA
ALPUKAT	MELON
BERRY	NECTARINE
PISANG	JERUK
CERI	PEPAYA
LEMON	PERSIK
ARA	PIR
RASPBERRY	APEL
JAMBU	ANGGUR

54 - Musique

```
O H U M O X J J V C L J P E M
P Y G U L O V S I X I Y S B U
E G W S P E N Y A N Y I X G S
R Z U I Y N A Y N E M Y V Z I
A L D K N G D K K T E M P O S
L K I A E V H A R M O N I K I
I G A L Q O F B N X A N Y L N
R N Z B E R I R A M A L N S M
I B O H J Z E T M U L V A H E
S V J F A D A L A B M N M T L
H A R M O N I I K L T Q X G O
V O K A L R K I E A G X S F D
C U R P I P K K R I R A M A I
K L A S I K S I T I U P A S P
E J M F N R S G M O C G S L S
```

ALBUM	MELODI
BALADA	MIKROFON
MENYANYI	MUSIKAL
PENYANYI	MUSISI
KLASIK	OPERA
REKAMAN	PUITIS
HARMONI	IRAMA
HARMONIK	BERIRAMA
ALAT	TEMPO
LIRIS	VOKAL

55 - Météo

```
T O R N A D O Z D P M M W L O
T E N A N G N I R E K U Z A H
U U S U A S A N A Z X S A N Z
L J B U T U K R T D T I J G V
L B T A S S A N Y W W M E I G
E L I R K W U A W A N I H T N
H J X T O D Z H X U A L U G M
A T F X Y P P F U T G K P I M
G U N T U R I J Q W N I G N A
B A N J I R G S F V I A D A B
G B P L Z D N E S T R R P I A
G M W B H E A X J W E Y F G B
U P E Y P C L P A A K S V H M
U K C O R I E X C H E F W G E
S O J Y B G P A D E K X Q X L
```

PELANGI	AWAN
SUASANA	KUTUB
KABUT	KERING
TENANG	KEKERINGAN
LANGIT	SUHU
IKLIM	BADAI
ES	GUNTUR
LEMBAB	TORNADO
BANJIR	TROPIS
MUSIM	ANGIN

56 - L'Entreprise

```
P  R  E  S  E  N  T  A  S  I  U  C  S  S  K
Z  A  P  L  D  L  V  P  U  K  Y  P  I  U  E
D  Q  L  K  B  N  A  U  J  A  M  E  K  M  M
N  N  I  J  X  K  N  E  R  T  N  U  R  B  U
K  U  A  L  I  T  A  S  T  G  Y  N  E  E  N
R  I  S  I  K  O  A  O  J  C  T  I  A  R  G
I  R  R  S  B  I  J  O  I  B  V  T  T  D  K
N  T  E  A  Q  T  R  A  U  O  I  Z  I  A  I
O  S  P  T  G  A  E  O  V  T  A  S  F  Y  N
V  U  U  S  L  Z  K  U  D  O  R  P  N  A  A
A  D  T  E  O  T  E  O  L  C  D  T  M  I  N
T  N  A  V  B  K  P  M  P  O  M  N  B  K  S
I  I  S  N  A  T  A  P  A  D  N  E  P  Y  F
F  O  I  I  L  A  N  O  I  S  E  F  O  R  P
K  E  P  U  T  U  S  A  N  A  T  Y  R  I  R
```

BISNIS	PRODUK
KREATIF	PROFESIONAL
KEPUTUSAN	KEMAJUAN
PEKERJAAN	KUALITAS
GLOBAL	SUMBER DAYA
INDUSTRI	PENDAPATAN
INOVATIF	REPUTASI
INVESTASI	RISIKO
KEMUNGKINAN	TREN
PRESENTASI	UNIT

57 - Gouvernement

```
N V Z E B A D M U K U H K M E
B E N B K B E E S E A K E O U
B W G J T O M Y I S J H A N H
G A B A Y C O O P E L H D U R
Y F N S R D K Y I T X W I M L
G Y M G X A R T L A D G L E M
S T X O S N A P O R G N A N G
K R I T K A S Q O A S A N U P
T E N A N G I M Z A L L I W W
F B N D N U S L A N O I S A N
H I K I R T S I D A B D U D F
E L Y P E O X C H C M A K N P
K O N S T I T U S I I R S W T
P O L I T I K E H T S E I Z D
K E M E R D E K A A N P D S L
```

SIPIL
KONSTITUSI
DEMOKRASI
PIDATO
DISKUSI
DISTRIK
HAK
KESETARAAN
NEGARA
KEMERDEKAAN

PERADILAN
KEADILAN
LIBERTY
HUKUM
MONUMEN
BANGSA
NASIONAL
TENANG
POLITIK
SIMBOL

58 - Randonnée

```
T A R E B V L K C X Q D H E S
P A C A U C I R A H A T A M E
E P M V V L S H M O A V U T P
R U R A E G A D P U Q L D S A
S N Y Z N H T S I Q O V E T T
I C C J A B N G N I A F D L U
A A E R U A E N G A C Q X G B
P K W O D T I A B A I R R C O
A E T V N U R T S I R A C Z T
N D V I A S O A E R K I E A U
A L A M P G U N U N G L G C A
B P N U X Q Y I N X W Z I Q A
K E O F M K W B K A D C D M F
P T C U O J Q Y J T E B I N G
J A B W D D I C N T M D T S T
```

BINATANG

SEPATU BOT

CAMPING

PETA

IKLIM

AIR

TEBING

LELAH

PANDUAN

BERAT

CUACA

GUNUNG

ALAM

ORIENTASI

TAMAN

BATU

PERSIAPAN

LIAR

MATAHARI

PUNCAK

59 - Nutrition

```
H  B  I  S  A  D  I  M  A  K  A  N  C  K  D
F  E  R  M  E  N  T  A  S  I  T  A  R  E  B
K  A  L  O  R  I  I  A  U  Q  Y  R  A  S  E
U  M  A  O  N  Z  H  L  X  W  K  I  W  E  V
L  P  J  Z  H  W  A  V  Z  F  A  A  V  H  F
T  N  E  S  T  H  P  T  Y  K  A  C  O  A  Z
S  C  C  N  I  E  T  O  R  P  K  H  Z  T  U
T  D  Q  Z  C  S  E  I  M  B  A  N  G  A  K
S  E  H  A  T  E  V  I  T  A  M  I  N  N  X
O  K  G  S  D  L  R  Z  A  M  G  S  A  U  S
E  B  Q  A  I  G  I  N  U  C  A  R  F  K  D
T  X  D  R  E  N  A  K  A  M  U  S  F  A  N
G  D  M  B  T  N  Y  B  A  A  I  Q  P  Z  M
M  C  P  U  F  I  M  A  R  N  N  Z  L  P  L
R  K  K  U  A  L  I  T  A  S  B  S  Z  Q  Q
```

PAHIT	BERAT
NAFSU MAKAN	PROTEIN
KALORI	KUALITAS
BISA DIMAKAN	SEHAT
DIET	KESEHATAN
PENCERNAAN	SAUS
SEIMBANG	RASA
FERMENTASI	RACUN
CAIRAN	VITAMIN

60 - Créativité

```
G S W T S E N S A S I M S L E
V G V O C R A B M A G G F L X
O V G H F I T N E V N I D O Y
Q W H Z A O N A S A L E J E K
I Q U B L W O I D V Q E Y S R
A M I S E R P S K E N E U S H
R I A F A M S I T A M A R D M
T N K J I G O V R H M B E K V
I S E G I U D S E E E U S B J
S P A Y J N A M I S I U T N I
T I S K P S A K E A H L I A N
I R L I E R P S C O I M W Z F
K A I U B S T Q I N D P E T Z
K S A C P K A Q X X E X K S V
Z I N I I V G N I K T Y G I L
```

ARTISTIK
KEASLIAN
KEJELASAN
KEAHLIAN
DRAMATIS
EKSPRESI
EMOSI
IDE
GAMBAR

IMAJINASI
KESAN
INSPIRASI
INTUISI
INVENTIF
SENSASI
SPONTAN
VISI

61 - Science Fiction

```
D O J K B Z A T F B X J R E F
K U E S E X G E F I E D A T R
Y B N I L B T L L O U P S E Z
L M D I C L U B S S A P I K Y
T Z R E A C Z K L K C L T N J
N I C K R S W R U O B O S O S
D A K M O W I L A P Z P I L S
F U T U R I S T I K G L L O K
I L U S I U R B E S A A A G E
L E D A K A N O H H I N E I N
I M A J I N E R B L B E R A A
F A N T A S T I S O G T U T R
C G A L A K S I A D T W G O I
U T O P I A V P R K O E G M O
N E K S T R E M T Y X Q K O V
```

ATOM	BUKU
BIOSKOP	DUNIA
LEDAKAN	GAIB
EKSTREM	ORACLE
FANTASTIS	PLANET
API	REALISTIS
FUTURISTIK	ROBOT
GALAKSI	SKENARIO
ILUSI	TEKNOLOGI
IMAJINER	UTOPIA

62 - Professions #1

```
P  P  Y  U  Z  H  P  L  H  S  X  U  M  T  T
E  E  P  E  B  T  I  I  V  D  O  P  A  U  D
N  R  A  R  E  F  A  R  G  O  T  R  A  K  O
G  H  B  H  A  D  N  A  W  U  M  L  I  A  K
A  I  A  I  L  W  I  N  Q  N  B  P  U  N  T
C  A  N  T  P  I  S  E  D  I  T  O  R  G  E
A  S  K  A  M  E  G  P  P  W  D  Y  G  L  R
R  A  I  L  S  U  R  E  T  N  U  H  G  E  H
A  N  R  E  A  X  S  A  O  D  Z  V  O  D  D
L  I  S  P  M  X  U  I  W  L  N  Z  L  E  R
A  S  T  R  O  N  O  M  S  A  O  D  O  N  H
B  I  N  T  X  F  D  C  I  I  T  G  K  G  M
U  T  L  L  G  C  W  S  Q  T  S  X  I  Q  V
V  R  P  F  F  H  G  X  X  Y  Y  K  S  S  M
A  A  T  D  U  T  A  B  E  S  A  R  P  L  P
```

DUTA BESAR	EDITOR
ARTIS	AHLI GEOLOGI
ASTRONOM	PERAWAT
PENGACARA	DOKTER
BANKIR	MUSISI
PERHIASAN	PIANIS
KARTOGRAFER	TUKANG LEDENG
HUNTER	PSIKOLOG
PENARI	ILMUWAN
PELATIH	

63 - Géologie

```
I  H  G  J  M  H  P  F  I  Q  F  P  C  N  Z
G  Z  R  E  J  M  M  O  U  A  K  Y  W  R  W
U  A  F  L  Y  L  H  S  K  R  I  S  T  A  L
N  S  X  N  A  S  J  I  S  O  R  E  I  U  A
U  A  T  Y  Q  H  E  L  X  Z  I  H  T  N  N
N  M  M  Q  J  M  A  R  A  G  A  B  K  E  U
G  L  U  F  G  Q  O  R  C  A  C  L  A  B  L
B  T  I  M  G  A  L  A  T  S  Z  A  L  A  A
E  E  S  K  K  P  F  K  N  Q  O  P  A  L  J
R  Q  L  P  A  S  R  A  U  K  N  I  T  Z  C
A  B  A  T  U  R  M  X  D  J  A  S  S  O  L
P  Q  K  L  G  J  A  J  S  C  O  A  J  O  W
I  N  X  F  J  A  H  N  O  U  C  N  O  M  E
M  I  N  E  R  A  L  C  G  A  H  M  D  E  T
X  W  O  M  A  K  P  Q  B  I  R  M  Y  V  O
```

ASAM	GEYSER
KALSIUM	LAHAR
GUA	MINERAL
BENUA	BATU
KARANG	KUARSA
LAPISAN	GARAM
KRISTAL	STALAKTIT
EROSI	STALAGMIT
CAIR	GUNUNG BERAPI
FOSIL	ZONA

64 - Jardin

```
V I B W F R T E R A S K Y Z U
E S B L Y M P O H O N O H T U
B C B W H H K J P B W L X D Z
E F H P U K W O P K G A M X X
R D R A H C R O B E Q M P L R
A S W G B C C U C J J R G G Q
N U T A B U K G N A B Q Z O H
D K A R R Q N I L O P M A R T
A E N I V M T G O G G W Z J D
C B A W H E K N A H U B X D G
Z U H Q J N R A K P S L J G C
Q N L E N Y V L C W Q E M A C
Q T P I F A G E P N W E K A Y
S E M A K P I S A R A G Y O G
K J A Y I U A W R U M P U T P
```

POHON	SEKOP
BANGKU	BERANDA
SEMAK	MENYAPU
PAGAR	BATU
KOLAM	TANAH
BUNGA	TERAS
GARASI	TRAMPOLIN
RUMPUT	SELANG
KEBUN	ORCHARD
GULMA	VINE

65 - Santé et Bien Être #1

```
H  O  R  M  O  N  Z  F  V  P  M  N  H  M  N
A  U  C  A  Q  X  W  I  R  E  T  K  A  B  O
O  R  V  S  I  C  Q  I  G  N  T  A  T  V  O
P  N  K  J  S  F  Q  K  B  G  S  N  A  W  B
A  K  T  I  F  S  U  D  F  O  N  T  P  K  A
Z  R  E  F  L  E  K  S  N  B  O  I  J  E  T
A  K  C  J  S  T  G  I  P  A  R  E  T  B  V
K  E  L  A  P  A  R  A  N  T  O  T  O  I  Y
T  K  U  L  I  T  U  E  P  A  K  I  S  A  T
M  U  V  I  R  U  S  V  T  N  X  A  X  S  T
A  P  L  C  E  D  E  R  A  K  A  W  N  A  B
G  I  S  A  M  R  A  F  B  X  O  U  M  A  J
D  P  K  I  N  I  L  K  O  C  L  D  M  N  P
Z  X  A  U  J  G  W  F  H  C  H  A  U  D  O
A  Z  A  O  U  L  R  Y  Q  C  R  I  L  X  C
```

AKTIF
BAKTERI
CEDERA
KLINIK
KELAPARAN
PATAH
KEBIASAAN
TINGGI
HORMON
DOKTER

OBAT
OTOT
TULANG
KULIT
FARMASI
SIKAP
REFLEKS
TERAPI
PENGOBATAN
VIRUS

66 - Barbecues

```
P E R M A I N A N I A M M M Y
O N H A U B W T X C N U A K E
D D I L G A R A M Q A S K A P
T O D A L A S M L M K I A A Q
D W B M F A P O H L L M N T M
A U N N P E D T Q J G P S N D
X K C A I B H A N V U A I L Y
B O E K S S K I S U M N A V S
S A E A A A E Q G S S A N A P
H U W M U U L P B R N S G N B
D J U A S U G U P I P G K D
H N Q Y N N A R A P A L E K N
V K A A D G R P D Y G V L X X
M Z Z J G L G S A Y U R A N W
X Z Y U X C A S E T O I P Y U
```

PANAS
PISAU
MAKAN SIANG
MAKAN MALAM
ANAK
MUSIM PANAS
KELAPARAN
KELUARGA
BUAH
GRILL

PERMAINAN
SAYURAN
MUSIK
BAWANG
LADA
AYAM
SALAD
SAUS
GARAM
TOMAT

67 - Ferme #1

```
K Q S K A W A N A N V F L N R
N G A D U K U R C S Z J E S W
G Y P T K P B W F G M T B F S
N S I T E B U Q T I N N A Q D
I F T T J F F P B B A I H B R
B I B K P M B L K X I A K C V
M P B D H H M E P R N D I P P
A K G T G T N R X G A E P C M
K O K N W N B E K N T L G D H
B U O B H T K I M A R E J C I
C X C X C F M S D Y E K W R C
A Q U I B C M A Y A P Y T C I
I B C G N K W N G S N O S I B
R A G A P G G A G A K G O E F
J H B O A P A N J I N G C D T
```

LEBAH
PERTANIAN
KELEDAI
BISON
BIDANG
KUCING
KUDA
KAMBING
ANJING
PAGAR

GAGAK
AIR
PUPUK
JERAMI
SAYANG
AYAM
NASI
KAWANAN
SAPI
BETIS

68 - Escalade

```
S  K  X  T  J  M  Y  N  X  A  K  C  D  P  T
T  U  V  R  E  K  G  G  L  X  J  T  E  Q  C
P  Q  A  U  G  Y  C  E  D  E  R  A  B  D  C
P  A  A  S  P  H  G  L  R  I  G  W  K  N  Z
E  V  N  N  A  G  N  A  T  G  N  U  R  A  S
T  C  C  D  N  N  A  D  E  M  I  L  H  A  S
A  T  O  B  U  T  A  P  E  S  K  B  K  Z  T
S  S  F  Z  N  A  I  G  G  N  I  T  E  K  A
T  E  G  A  U  E  N  D  W  T  H  K  S  I  B
J  G  M  P  E  L  A  T  I  H  A  N  H  S  I
P  Z  L  P  T  A  N  T  A  N  G  A  N  I  L
R  O  E  Y  I  Q  W  J  N  M  V  P  D  F  I
V  U  H  F  W  T  K  E  K  U  A  T  A  N  T
K  E  I  N  G  I  N  T  A  H  U  A  N  A  A
P  I  E  W  W  U  Y  C  H  C  Y  X  I  M  S
```

KETINGGIAN	KEKUATAN
SUASANA	PELATIHAN
CEDERA	SARUNG TANGAN
SEPATU BOT	GUA
PETA	PANDUAN
HELM	FISIK
KEINGINTAHUAN	HIKING
TANTANGAN	STABILITAS
AHLI	MEDAN
SEMPIT	

69 - Café

```
M U Y S T C A N G K I R I A P
J I R T G D R I N N G I M P A
V T N G U L A E I D A A D T H
V Y U U B Q Q F L B P C O P I
M C B K M A S A I E B T B W T
K G D H H A Q K G N I R A S W
M K M Q A G N A G G N A P C T
E Q C U Y U K D N C B O I Y V
K P E L A S A H E W H F C U V
Y R E S R U B I M S H A H H W
C Y I P O S A T I I I V R X M
J A Z M M Y I A R Z Z U D G I
B F E K A M X M R A S A F L A
N V G S N M V A R I A S I Q Y
Z A S M O O X K V A H T T G D
```

ASAM	PAGI
PAHIT	MENGGILING
AROMA	HITAM
MINUMAN	ASAL
KAFEIN	HARGA
KRIM	PANGGANG
AIR	RASA
SARING	GULA
SUSU	CANGKIR
CAIR	VARIASI

70 - Antarctique

```
G  W  G  K  U  N  K  B  M  I  N  E  R  A  L
E  W  I  M  G  B  S  N  U  V  N  M  J  L  M
O  Q  E  E  P  W  E  B  P  R  G  J  B  K  I
G  N  M  G  J  G  K  N  W  V  U  F  R  I  L
R  M  T  N  Q  R  I  A  U  V  K  N  U  P  M
A  Y  P  U  C  O  E  Y  T  A  O  A  G  E  I
F  G  M  J  Q  C  K  R  O  A  N  G  Q  N  A
I  H  E  N  B  K  S  E  P  R  S  N  J  E  H
P  U  L  A  U  Y  P  S  O  C  E  U  X  L  J
K  H  N  N  T  Q  E  T  G  T  R  K  L  I  X
T  U  R  E  I  Y  D  E  R  V  V  G  V  T  H
N  S  L  M  J  I  I  L  A  P  A  N  F  I  A
I  U  F  E  V  O  S  G  F  G  S  I  C  U  O
H  A  P  S  T  L  I  V  I  C  I  L  I  Z  O
D  P  C  M  I  G  R  A  S  I  R  I  P  V  N
```

TELUK
PAUS
PENELITI
KONSERVASI
BENUA
AIR
LINGKUNGAN
EKSPEDISI
GEOGRAFI
ES

GLETSER
PULAU
MIGRASI
MINERAL
BURUNG
SEMENANJUNG
ROCKY
ILMIAH
SUHU
TOPOGRAFI

71 - Professions #2

```
A A S R L N M F P S E I B P N
S A H P S B X G L E N B W I R
T H A L M Q E I M J L N Z L U
R L D F I T K E T E D U Q O Y
O I E L T B N T G Z Q B K T N
N B B P I D A P O Q A E F I I
O I I P L O W H V B J K O G S
T O L E E K A O A H L G T I N
I L H N N T T G F S S N O G I
Y O A E E E R C E K A A G R Q
P G A M P R A G M A J K R E T
Z I Q U M O W U A I B U A T G
Z O O L O G I R W S S T F K R
L V A G B M F U S L I F E O Z
X P U S T A K A W A N D R D Y
```

ASTRONOT   TUKANG KEBUN
PUSTAKAWAN   WARTAWAN
AHLI BIOLOGI   AHLI BAHASA
PENELITI   DOKTER
AHLI BEDAH   PELUKIS
DOKTER GIGI   FILSUF
DETEKTIF   FOTOGRAFER
GURU   PILOT
INSINYUR   ZOOLOGI
PENEMU

72 - Les Abeilles

```
T L A B F V K T A T I B A H P
S Q O U Q R A A L O R T O W E
P A Y A S M W N L S A W E K R
M Z R H U M A A V E S B E V B
W Y I A N W N M B R K W C O E
D M S R N W A A J A U J S E D
J B E Z W G N N R N B T E B A
D T R K S H U R N G R D K M A
V O A Z A Y B T P G E P O A N
D J T D H R E B B A S Z S T I
F X U V Z M K N U Y H A I A L
S A Y A N G H C E N O U S H I
B E R M A N F A A T G R T A L
Y P C Z A S A P N A K A E R O
T L G M A K A N A N W I M I L
```

SAYAP	HABITAT
BERMANFAAT	SERANGGA
LILIN	KEBUN
PERBEDAAN	SAYANG
KAWANAN	MAKANAN
EKOSISTEM	TANAMAN
MEKAR	SERBUK SARI
BUNGA	RATU
BUAH	SARANG
ASAP	MATAHARI

73 - Santé et Bien Être #2

```
P  U  D  G  W  C  V  P  W  E  R  Y  M  A  P
D  E  J  H  E  L  K  Z  K  H  V  F  B  B  K
E  G  N  T  I  K  A  S  H  A  M  U  R  E  V
H  E  A  Y  V  Q  Y  H  N  R  L  Q  M  R  V
I  N  H  F  A  Y  J  U  G  A  G  E  B  A  N
D  E  I  E  I  K  F  B  I  D  P  N  R  T  A
R  T  L  I  N  K  I  U  Z  I  G  O  I  G  H
A  I  U  S  U  E  S  T  I  R  O  L  A  K  I
S  K  M  K  Z  G  R  G  A  S  E  H  A  T  S
I  A  E  E  Z  V  E  G  V  S  T  R  E  S  R
D  D  P  F  T  X  G  K  I  K  B  J  T  P  E
R  A  C  N  A  F  S  U  M  A  K  A  N  W  B
J  N  R  I  P  I  J  A  T  L  T  U  V  P  E
A  V  I  T  A  M  I  N  B  F  K  X  B  C  K
A  N  A  T  O  M  I  G  B  G  N  B  F  K  O
```

ALERGI
ANATOMI
NAFSU MAKAN
KALORI
TUBUH
DEHIDRASI
ENERGI
GENETIKA
RUMAH SAKIT
KEBERSIHAN

INFEKSI
PENYAKIT
PIJAT
GIZI
BERAT
PEMULIHAN
SEHAT
DARAH
STRES
VITAMIN

74 - Conduite

```
R  G  G  H  Z  L  P  P  N  Q  R  R  Z  P  S
T  I  Y  D  M  I  K  O  P  L  H  O  T  E  E
J  S  G  K  X  S  E  M  L  M  I  Q  V  J  P
N  A  T  A  P  E  C  E  K  I  K  O  M  A  E
K  T  L  S  V  N  E  B  A  Z  S  Q  O  L  D
E  R  L  A  O  S  L  A  A  E  I  I  T  A  A
G  O  I  T  N  I  A  H  C  K  U  Y  O  N  M
K  P  U  N  L  A  K  A  L  U  G  V  R  K  O
E  S  U  I  P  K  A  Y  G  R  G  T  N  A  T
A  N  H  L  N  S  A  A  A  T  E  P  G  K  O
M  A  W  U  O  E  N  H  T  A  Q  M  A  I  R
A  R  Y  L  H  N  A  G  N  O  W  O  R  E  T
N  T  R  A  K  A  B  N  A  H  A  B  A  Q  H
A  M  X  L  X  M  O  B  I  L  W  O  S  F  R
N  B  C  V  N  P  D  G  A  S  U  L  I  F  B
```

KECELAKAAN
TRUK
BAHAN BAKAR
PETA
BAHAYA
REM
GARASI
GAS
LISENSI
MOTOR

SEPEDA MOTOR
PEJALAN KAKI
POLISI
JALAN
KEAMANAN
LALU LINTAS
TRANSPORTASI
TEROWONGAN
KECEPATAN
MOBIL

75 - Plantes

```
K P O M Q S D I E H U L S P X
G N L S S H S E R U M P U T I
B O T A N I S R D Y M B T U T
Q H V P U B M A B A A B K M T
W O E A B B T E L J U B A U D
Y P G D E W W W N Y V N K L E
S V E Z K A M E S M K D A U B
J E T O F Y C T U M B U H N U
Z G A T J L K E L O P A K A N
P O S P E P O Y V I S B L T G
K U I P M P U R W G V C Z U A
W Z P N M H X R A K A L J H W
C Z O U H K E E K A C A N G Z
G I K G K D S B L R F Q O J X
H A B B E W H O S I N O Y M M
```

POHON	HUTAN
BERRY	TUMBUH
BAMBU	KACANG
BOTANI	RUMPUT
SEMAK	KEBUN
KAKTUS	IVY
PUPUK	LUMUT
DEDAUNAN	KELOPAK
BUNGA	AKAR
FLORA	VEGETASI

76 - Ferme #2

```
M H R U G V P B S T D P S N P
U A O O L X Z T U O V E A M A
D U T T J S E U S P T T Y Y D
N B K A M A L L U K N A U Y A
A U A B N A N A K A M N R O N
G P R M R G H C E C A I M M G
N K T O X B J L K T L Z A F R
U C I D G K B V N G A F Y Y U
G C M B E E H I V E B P U C M
A V M J M U E V N B M E R H P
J J W C E T Q F Z J E S B M U
T Y C G J L S I I C G J H E T
X X F F N C A O R C H A R D K
I R I G A S I I G R L H N F J
W B I N A T A N G N A D U G V
```

PETANI	SAYUR-MAYUR
BINATANG	JAGUNG
GEMBALA	DOMBA
GANDUM	MATANG
BEBEK	MAKANAN
BUAH	JELAI
GUDANG	PADANG RUMPUT
IRIGASI	BEEHIVE
SUSU	TRAKTOR
LLAMA	ORCHARD

77 - Vacances #2

```
S  C  B  Q  Z  U  H  P  R  W  J  M  Z  V  T
A  H  A  Y  V  K  O  A  D  N  E  T  J  P  H
R  U  T  M  W  H  T  N  A  R  U  B  I  L  E
P  Z  E  Z  P  K  E  T  B  A  N  D  A  R  A
G  N  R  W  Q  I  L  A  C  A  N  P  S  U  N
V  C  E  H  O  G  N  I  S  A  G  N  A  R  O
N  W  K  E  G  B  D  G  K  Z  S  V  Z  R  R
T  P  A  S  P  O  R  H  L  P  N  M  T  E  E
L  A  T  R  D  G  M  L  I  O  U  E  U  S  S
Y  D  K  Q  V  X  R  A  S  Q  I  C  J  T  E
J  D  N  S  S  I  V  U  A  L  U  P  U  O  R
N  B  L  Z  I  E  S  T  G  F  A  D  A  R  V
P  L  K  Z  Z  P  T  A  T  E  P  Z  N  A  A
R  E  K  R  E  A  S  I  F  Y  I  A  S  N  S
T  R  A  N  S  P  O  R  T  A  S  I  D  C  I
```

BANDARA
CAMPING
PETA
TUJUAN
ORANG ASING
HOTEL
PULAU
REKREASI
LAUT
PASPOR

PANTAI
RESTORAN
RESERVASI
TAKSI
TENDA
KERETA
TRANSPORTASI
LIBURAN
VISA

78 - Temps

```
S T K E M A R I N A W V P C Z
Z E S E T E L A H V B L V S Z
N Z B M M L Z R V X J A I M Q
K G O E G V L E O V A Z D A F
J A C Y L S G G U T O C J Y Y
O S W X U U I E X U S N M D A
G X X S E A M S N U H A T O U
O N A P E D A S A M A N U Z H
M E N I T K L B L A R U N Z I
R E D N E L A K U J I H J V S
Z D Q I B G M R B R G A D S E
L K T I M O G Z A Y A T G H L
F J W R S I A N G N P T S X U
P U Y A X E E A J U G G N I M
X T Y H D A S A W A R S A U R
```

TAHUN	KEMARIN
TAHUNAN	HARI
SETELAH	SEKARANG
HARI INI	PAGI
SEBELUM	SIANG
SEGERA	MENIT
KALENDER	BULAN
DASAWARSA	MALAM
MASA DEPAN	MINGGU
JAM	ABAD

79 - Maison

```
S  B  J  K  I  G  V  B  C  P  L  L  P  M  P
U  A  W  E  D  I  L  B  D  E  O  A  E  E  A
Y  Z  P  T  N  C  E  Z  N  R  T  N  R  T  G
P  L  P  U  A  D  S  Q  U  P  E  G  A  N  A
U  I  N  I  M  R  E  C  P  U  N  I  P  D  R
T  I  R  A  I  N  I  L  M  S  G  T  I  A  A
N  G  A  R  A  S  I  G  A  T  N  L  A  P  Z
I  K  K  A  R  P  E  T  L  A  I  A  N  U  B
P  P  E  R  C  A  T  F  S  K  D  N  K  R  E
M  V  U  B  X  T  N  P  Z  A  N  G  R  Q  V
T  A  E  O  U  A  F  Y  P  A  I  I  P  W  R
B  A  L  I  T  N  D  R  P  N  D  T  Y  I  F
K  U  N  C  I  R  U  A  N  G  A  N  B  M  L
K  J  F  C  U  K  N  W  V  Y  M  O  I  U  Z
G  O  G  M  U  D  C  R  E  W  R  Y  R  H  Z
```

SAPU	LOTENG
PERPUSTAKAAN	KEBUN
RUANGAN	LAMPU
PERAPIAN	CERMIN
KUNCI	DINDING
PAGAR	LANGIT-LANGIT
DAPUR	PINTU
MANDI	TIRAI
JENDELA	KARPET
GARASI	ATAP

80 - Légumes

```
Z  K  T  T  S  E  G  B  B  W  L  O  B  A  K
C  A  O  O  E  Z  F  J  A  V  O  K  H  G  J
A  C  M  M  L  Q  D  Y  R  W  C  R  W  U  P
C  A  A  E  E  X  P  K  F  D  A  I  T  I  G
Z  N  T  K  D  A  L  A  S  S  H  N  E  E  Q
A  G  N  O  R  U  M  A  J  I  K  V  G  U  L
I  Q  U  H  I  T  U  P  G  N  A  W  A  B  Y
T  P  M  C  I  L  O  K  O  R  B  K  O  A  T
U  G  I  I  F  U  E  S  V  J  A  Q  Z  L  J
N  S  T  T  Y  T  P  S  C  E  Y  J  A  H  E
F  A  N  R  L  K  W  C  R  S  A  W  B  P  Z
Z  H  E  A  B  E  U  B  U  E  M  I  U  H  E
R  U  M  P  U  T  L  A  U  T  T  R  L  U  V
B  A  W  A  N  G  M  E  R  A  H  E  H  L  G
T  E  R  O  N  G  H  D  Y  Y  O  S  P  Z  H
```

BAWANG PUTIH	BAWANG MERAH
RUMPUT LAUT	BAYAM
ARTICHOKE	JAHE
TERONG	LOBAK
BROKOLI	BAWANG
WORTEL	ZAITUN
SELEDRI	PETERSELI
JAMUR	KACANG
LABU	SALAD
MENTIMUN	TOMAT

81 - Oiseaux

```
F L Q A U M B E B E K T H D F
Y U T N T X E R J D K M K J L
B E J G N T J R D D N R J P A
J U G S A I C U A G N A B E M
X V R A H P P L V K B X M L I
E E P U G I J E N D N Q W I N
J U B Y N P P T D L B E D K G
W L Y U U G K E N A R I P A O
E B T E R N U B U G U L L N A
Q H M X U U W N C U C K O O Y
Z D U S B R N I T A P R E M A
W V H J W U R G N A L E X Q M
L T N P H B W P B L M E I X O
G A G A K G W P O E A C S U Q
P E N G U I N A C U O T B A K
```

ELANG
BURUNG UNTA
BEBEK
KENARI
BANGAU
MERPATI
GAGAK
CUCKOO
ANGSA
FLAMINGO

BURUNG HANTU
PENGUIN
BURUNG PIPIT
GULL
TELUR
MERAK
BURUNG BEO
PELIKAN
AYAM
TOUCAN

82 - Disciplines Scientifiques

```
E G P A S X H M Y G A Q M Z A
G B I O L O G I M R S G E O I
D I G M Z H C E T M T E K O G
I G O L O K I S P C R O A L O
G O L K X T A D C T O L N O L
O L O J I N A T O B N O I G A
L O R T B M Y N M D O G K I R
O N O P A Q I N A X M I A U E
E U E M F T D A E V I X D V N
K M T B O G F I S I O L O G I
R I E S O S I O L O G I U W M
A S M L I N G U I S T I K V V
N E U R O L O G I G O L O K E
B I O K I M I A N A P F J O O
T E R M O D I N A M I K A D T
```

ANATOMI
ARKEOLOGI
ASTRONOMI
BIOKIMIA
BIOLOGI
BOTANI
KIMIA
EKOLOGI
GEOLOGI
IMUNOLOGI

LINGUISTIK
MEKANIKA
METEOROLOGI
MINERALOGI
NEUROLOGI
FISIOLOGI
PSIKOLOGI
SOSIOLOGI
TERMODINAMIKA
ZOOLOGI

83 - Maladie

```
T  N  T  U  B  U  H  T  E  R  A  P  I  N  Q
I  U  N  A  S  A  P  A  N  R  E  P  A  E  V
I  C  A  V  W  H  S  H  M  N  M  D  W  U  C
J  K  K  Z  R  E  T  I  D  E  R  E  H  R  R
A  L  E  R  G  I  P  A  R  U  L  H  D  O  K
P  M  W  G  R  T  X  G  W  B  N  I  U  P  R
S  I  T  Y  Q  A  J  B  R  O  A  V  Q  A  O
V  I  N  G  V  H  B  Q  R  C  G  T  E  T  N
W  A  N  G  P  V  S  A  T  I  N  U  M  I  I
H  X  V  D  G  M  E  N  U  L  A  R  D  S  S
Y  J  V  J  R  A  O  H  K  R  D  E  O  S  A
Q  F  X  U  M  O  N  H  A  B  A  P  E  R  I
T  U  L  A  N  G  M  G  N  R  R  A  O  Q  X
K  E  S  E  H  A  T  A  N  B  E  Y  E  R  D
G  E  N  E  T  I  K  Z  H  N  P  H  C  X  E
```

PERUT
AKUT
ALERGI
KRONIS
MENULAR
TUBUH
HATI
LEMAH
GENETIK
HEREDITER

IMUNITAS
PERADANGAN
PINGGANG
NEUROPATI
TULANG
PARU
PERNAPASAN
KESEHATAN
SINDROM
TERAPI

84 - Univers

```
T  I  A  P  O  N  Z  I  H  X  N  I  U  J  T
E  M  N  Y  K  A  I  D  O  Z  B  L  U  I  W
R  U  A  V  Q  G  P  S  R  Q  J  N  U  C  W
L  B  S  J  B  N  X  F  I  S  K  A  L  A  G
I  N  A  L  U  B  C  C  S  A  T  P  Q  W  N
H  A  U  S  U  R  Y  A  O  S  E  A  A  J  A
A  H  S  F  M  W  V  N  N  T  L  L  S  K  T
T  A  F  T  I  G  N  A  L  R  E  E  T  O  N
Q  L  J  I  E  O  I  B  S  O  S  G  R  S  I
C  E  V  B  S  R  S  F  Y  N  K  E  O  M  L
I  B  Z  R  D  S  O  D  T  O  O  K  N  I  S
D  U  S  O  J  N  U  I  P  M  P  F  O  K  I
S  O  L  S  T  I  C  E  D  F  H  S  M  D  R
K  H  A  T  U  L  I  S  T  I  W  A  I  K  A
C  Q  R  X  X  R  U  J  U  B  S  I  R  A  G
```

ASTEROID	GARIS LINTANG
ASTRONOM	GARIS BUJUR
ASTRONOMI	BULAN
SUASANA	KEGELAPAN
LANGIT	ORBIT
KOSMIK	SURYA
KHATULISTIWA	SOLSTICE
GALAKSI	TELESKOP
BELAHAN BUMI	TERLIHAT
HORISON	ZODIAK

85 - Géographie

```
N R P W G P N S B F G L Q G W
E G K U M M F A A H X Y D J I
G N E E L X F W R H X F E A L
A A T B S A L T A S W R Q H A
R T I P T Z U M T U A L Y G Y
A N N A I D I R E M L J M Q A
O I G I M U B N A H A L E B H
Z L G C D T Q E A G U N U N G
H S I U T A R A N S U N G A I
I I A W I T S I L U T A H K K
H R N R V R L N J M A T N T O
G A R I S B U J U R O A R Z T
P G T F J S B A T O E L G Q A
D S P E T A D U N I A E E U W
H V M N M I I U T W P S I P E
```

KETINGGIAN
ATLAS
PETA
BENUA
KHATULISTIWA
SUNGAI
BELAHAN BUMI
PULAU
GARIS LINTANG
GARIS BUJUR

LAUT
MERIDIAN
DUNIA
GUNUNG
UTARA
BARAT
NEGARA
SELATAN
WILAYAH
KOTA

86 - Danse

```
W G Q K J Q A K A D E M I L T
Q E P L B U D A Y A S I F L E
I R G A A M S R G O E P E O J
P A C S A N U C X X N U C W A
G K R I P J O S M C I N Z O V
W A K K W B D I I S E A X N D
Y N F I S E R P S K E H Q B Z
M E L O M P A T K I M I T R A
G E I U M Q G A U T D T T X F
D M Y R L A L M L U P A K I S
T O L V A V X H T B U L R M Y
E S E L I M K A U U B X C T G
K I K D F W A R R H Q A P N H
S S V K D D J P A V I S U A L
M V F D N C Q X L I U Z N B X
```

AKADEMI
SENI
KLASIK
TUBUH
BUDAYA
KULTURAL
EKSPRESIF
EMOSI
RAHMAT

GERAKAN
MUSIK
MITRA
SIKAP
LATIHAN
IRAMA
MELOMPAT
TRADISIONAL
VISUAL

87 - Bâtiments

```
H V S H V Q J E H Y R B Y L O
U N I V E R S I T A S C S A B
Q X A K I W B L I T S A K B S
K L K M P L U I S Y V S V O E
T E S U P E R M A R K E T R R
E R D X V T R U R E T E M A V
N U G U R O C E A T F E E T A
D M U X T H W S G A P S N O T
A A D S E A V U T E S A A R O
P H A C Z T A M G T K R R I R
A S N I N Y P N I B A K A U I
B A G G H E S E K O L A H M U
R K S T A D I O N H P B H O M
I I B I O S K O P T R J O P F
K T A P A R T E M E N W L P Y
```

KEDUTAAN
APARTEMEN
KABIN
KASTIL
BIOSKOP
SEKOLAH
GARASI
GUDANG
RUMAH SAKIT
HOTEL

LABORATORIUM
MUSEUM
OBSERVATORIUM
STADION
SUPERMARKET
TENDA
TEATER
MENARA
UNIVERSITAS
PABRIK

88 - Activités et Loisirs

```
M M B S A N T A I N E S T R S
E E D I R B U B A R T U K H T
N M R I S G J E B S E J G Q Y
Y A Z T A B C G O X K N K N G
E N G O L F O X L K S I A R S
L C N P O D B L A T A T L N W
A I I K B E B G V T B P P M G
M N K C K Z I N O H H F O P B
N G I R A C N A L E S R E B E
X R H J P R C I I B O H K X R
V D V C E D E Z M P A J C N K
A W K L S I N E T Z B L C H E
C A M P I N G E Y R U B A V B
I V L U K I S A N G U S G P U
B E P E R G I A N N T V E I N
```

SENI
BISBOL
BASKET
TINJU
CAMPING
BALAP
SEPAK BOLA
GOLF
BERKEBUN
RENANG

HOBI
LUKISAN
MEMANCING
MENYELAM
HIKING
SANTAI
BERSELANCAR
TENIS
BOLA VOLI
BEPERGIAN

89 - Livres

```
P  I  C  I  S  I  L  U  N  E  P  S  V  O  N
E  N  E  B  K  S  T  U  B  G  C  V  D  U  A
T  V  R  I  E  I  R  A  C  A  B  M  E  P  R
U  E  I  Q  T  U  N  P  H  U  N  Z  D  M  A
A  N  T  U  N  P  Z  Q  P  A  W  W  W  F  T
L  T  A  D  O  H  T  H  W  D  L  K  F  Q  O
A  I  O  J  K  E  R  I  R  E  S  A  Q  A  R
N  F  C  V  F  Z  A  S  S  N  A  Y  M  R  G
G  I  A  O  J  Z  G  T  A  K  B  G  C  A  G
A  R  T  S  A  S  I  O  T  H  E  V  L  L  N
N  G  J  Q  F  T  S  R  I  Z  A  L  H  Y  W
E  P  I  K  Y  D  K  I  L  E  K  I  O  X  W
R  E  L  E  V  A  N  S  A  T  E  P  F  K  U
D  I  T  U  L  I  S  V  U  N  M  I  J  R  T
Z  O  P  U  Z  V  D  H  D  N  O  V  E  L  Q
```

PENULIS	INVENTIF
PETUALANGAN	PEMBACA
KOLEKSI	SASTRA
KONTEKS	NARATOR
DUALITAS	HALAMAN
DITULIS	RELEVAN
EPIK	PUISI
CERITA	NOVEL
HISTORIS	SERI
LUCU	TRAGIS

90 - Pays #2

```
J  F  E  F  W  E  O  U  L  Q  E  J  H  X  B
T  X  A  K  U  I  J  K  K  P  C  A  A  X  R
Y  X  F  B  L  V  Y  R  Q  T  P  M  I  A  Y
C  S  U  D  A  N  I  A  O  J  Y  A  T  N  S
S  I  H  C  V  T  J  I  T  Z  U  I  I  Z  O
O  D  N  X  U  M  O  N  F  X  D  K  Q  O  V
M  X  J  A  H  A  K  A  A  I  N  A  B  L  A
A  L  E  P  A  K  I  S  T  A  N  O  H  K  E
L  A  P  O  I  R  S  S  I  C  N  A  R  E  P
I  O  A  Q  R  A  K  S  E  U  G  A  N  D  A
A  S  N  W  U  M  E  D  H  N  K  E  N  Y  A
F  L  G  T  S  N  M  U  O  M  O  O  R  U  I
O  T  G  K  K  E  I  O  O  T  V  D  D  B  S
T  V  S  A  I  D  N  A  L  R  I  D  N  U  U
L  I  B  A  N  O  N  I  L  O  V  B  L  I  R
```

ALBANIA	LAOS
CINA	LIBANON
DENMARK	MEKSIKO
PERANCIS	UGANDA
HAITI	PAKISTAN
INDONESIA	RUSIA
IRLANDIA	SOMALIA
JAMAIKA	SUDAN
JEPANG	SURIAH
KENYA	UKRAINA

91 - Fournitures d'Art

```
P  T  C  Q  B  I  Z  J  T  S  K  H  Z  M  W
S  E  A  J  E  M  U  C  J  Z  R  X  K  G  A
L  T  N  N  S  I  K  A  T  H  E  D  I  E  R
L  I  M  G  A  P  B  M  R  J  A  C  L  N  N
Y  N  E  I  H  H  L  A  N  B  T  Y  I  N  A
A  T  L  K  N  A  L  L  F  R  I  L  R  B  X
Z  A  Z  A  S  Y  P  I  Q  S  V  A  K  L  I
E  A  S  E  L  Z  A  U  A  C  I  I  A  O  B
U  A  A  R  E  M  A  K  S  T  T  R  D  P  X
Y  Y  Z  I  T  C  G  N  A  R  A  I  Y  K  E
V  Z  L  I  S  N  E  P  T  Q  S  A  F  Q  I
Z  I  N  O  A  R  E  P  R  M  V  T  I  J  S
I  Y  C  Z  P  A  S  P  E  O  L  A  Y  O  Y
K  U  R  S  I  B  Q  X  K  Z  Z  C  E  O  E
D  I  X  G  S  C  N  W  L  B  L  H  H  A  F
```

AKRILIK	PENSIL
CAT AIR	KREATIVITAS
TANAH LIAT	AIR
SIKAT	TINTA
KAMERA	PENGHAPUS
KURSI	MINYAK
ARANG	IDE
EASEL	KERTAS
LEM	PASTEL
WARNA	MEJA

92 - Jazz

```
B I A H Z N D E S U F L B R V
U U U R L N R W L O A Q A N N
Q B T Z T T U W M I L M K M V
H A P C L I M P L S H O A A I
I G W K C L S R A I F U T L H
P O G F S U U E D S L E I A M
T G E N R E G S J O D I M N N
I U X A C K A N Z P C Q A E R
R R E S O P M O K M U S I K B
O A A R T S E K R O E D B R F
V B Y M L D W U H K A K O E Y
A Q A U A T E K N I K B X T L
F Y G B X G S T N L O U N C A
F H E L C U T M C U U U O L G
Q I S A S I V O R P M I B L U
```

ALBUM	MUSIK
ARTIS	BARU
TERKENAL	ORKESTRA
LAGU	IRAMA
KOMPOSER	SOLO
KOMPOSISI	GAYA
KONSER	BAKAT
FAVORIT	DRUM
GENRE	TEKNIK
IMPROVISASI	TUA

93 - Paysages

```
P G N U J N A N E M E S U T B
U O U S V S E G N U N U G B K
L D I R Z U U Z N A R D N U T
A I P A U L G P Y R W K U D I
U L A U T N Y W S A W A J A K
G J R G G L E T S E R T R N U
E N E U N G U N U N G I E A B
Y V B D M U L E M B A H T U M
S B G X D A S J H Y C I R K J
E F N G X M I A T N A P I O U
R A U C P B S U Q G V K A L Y
B G N D X R A P K Y R L D L A
Z L U D L S O I T K D B I U Q
F Q G K R Y R X X L O V B S K
Q R M Q I U P O Q K O X Q U Z
```

AIR TERJUN

BUKIT

GURUN

MUARA

SUNGAI

GEYSER

GLETSER

GUA

GUNUNG ES

PULAU

DANAU

RAWA

LAUT

GUNUNG

OASIS

SEMENANJUNG

PANTAI

TUNDRA

LEMBAH

GUNUNG BERAPI

94 - Pays #1

```
S  R  Q  B  W  P  U  R  O  D  A  U  K  E  B
P  V  Q  X  D  K  K  K  N  X  R  U  J  M  R
A  S  R  S  R  B  A  Q  I  C  G  I  N  T  A
N  M  A  L  I  U  N  A  G  K  E  B  G  L  Z
Y  J  Y  L  Z  O  A  P  A  W  N  I  B  L  I
O  F  B  K  C  E  D  I  Q  A  T  E  E  L  L
L  G  I  Q  A  E  A  I  D  N  I  H  S  C  T
F  I  L  I  P  I  N  A  P  N  N  X  R  A  R
N  I  K  A  R  A  G  U  A  M  A  N  A  P  J
Q  M  T  Y  J  E  I  S  M  B  I  L  G  N  E
R  B  K  I  H  L  X  Q  A  U  N  E  O  D  R
A  O  R  C  I  J  T  Q  R  U  A  A  V  P  M
N  O  R  W  E  G  I  A  O  T  M  R  L  C  A
I  Q  N  T  J  X  M  R  K  Y  U  S  J  H  N
X  T  V  I  E  H  X  J  O  G  R  I  H  W  B
```

JERMAN
ARGENTINA
BRAZIL
KANADA
SPANYOL
EKUADOR
INDIA
ISRAEL
LIBYA

MALI
MAROKO
NIKARAGUA
NORWEGIA
PANAMA
FILIPINA
POLANDIA
RUMANIA

95 - Nombres

```
E U H U J U T I G A M I L T D
E M A N E S A T U P P T B I E
N U P S A L E B T A P M E G L
A T N A L I B M E S N U J A A
M R U L T D U A P U L U H B P
B A A E D G M E F E A D Y E A
E U E B B E Q D D M V K L N
L Y P A S Y L A U C I H M A B
A A W M R E P A A W S T D S E
S G B I I C P B P A E X C D L
F L U L A W O U V A D F F Q A
D U A B E L A S L O N P Z S S
L B O G I C J C T U Q F F K X
Z H P I T S A L E B H U J U T
B R T N L U G C O O H Q Z T V
```

LIMA
DUA
DESIMAL
SEPULUH
DELAPAN BELAS
TUJUH BELAS
DUA BELAS
DELAPAN
SEMBILAN
EMPAT BELAS

EMPAT
LIMA BELAS
ENAM BELAS
TUJUH
ENAM
TIGA BELAS
TIGA
SATU
DUA PULUH
NOL

96 - Psychologie

```
I  S  P  E  S  R  E  P  K  P  K  J  H  C  L
V  D  T  E  R  A  P  I  L  E  O  U  O  U  D
Y  V  E  H  B  E  T  J  I  N  G  G  R  N  M
F  Q  A  P  T  R  G  M  N  G  N  P  E  D  U
C  Y  L  R  K  N  W  D  I  A  I  S  O  M  E
P  J  O  N  M  A  C  B  S  R  S  K  Z  R  B
I  U  K  A  L  I  R  E  P  U  I  D  G  P  P
K  M  Z  M  J  D  M  E  C  H  F  F  F  R  P
I  A  I  A  A  V  P  O  P  E  F  M  U  P
R  S  Q  L  N  B  N  A  I  A  L  I  N  E  P
A  A  T  A  J  I  S  A  S  N  E  S  G  S  H
N  L  X  G  I  R  R  E  A  L  I  T  A  S  H
K  A  V  N  D  P  S  D  B  U  A  Q  X  K  I
X  H  I  E  Q  E  O  B  B  O  N  X  W  I  P
J  D  S  P  Q  K  I  L  F  N  O  K  M  W  T
```

KLINIS
KOGNISI
PERILAKU
KONFLIK
EGO
PENGALAMAN
EMOSI
PENILAIAN
IDE
PENGARUH

PIKIRAN
PERSEPSI
KEPRIBADIAN
MASALAH
JANJI
REALITAS
MIMPI
SENSASI
TERAPI

97 - Nature

```
S F R W G F K V I T A L G K F
T R O P I S I M A N I D L J B
S U N G A I T X C G E P E Q F
T X C Z K Y K Q Q U Z X T Z X
Q S Q Y A E R O S I S V S H L
I G X Q U K A Z C L J G E G R
L U D R S J H G A Q E N R B D
I N H E N A G N U P M A N E P
A U A U D N Z B P R H T O M O
R N B B T A P A E V U A M F C
U G E I U A U K S X B N C G V
M R L C B P N N Q M J I C N Z
D T Y N A V O A A K F B P R Q
M V Y N K G Z W G N A N E T N
N D Y J K E C A N T I K A N V
```

LEBAH	SUNGAI
PENAMPUNGAN	HUTAN
BINATANG	GLETSER
ARKTIK	GUNUNG
KECANTIKAN	AWAN
KABUT	TENANG
GURUN	SUAKA
DINAMIS	LIAR
EROSI	TROPIS
DEDAUNAN	VITAL

98 - Chimie

```
H V M C K A T A L I S G N V Y
I I W F B F O G K X H A V J X
L V D V C E H Q K G C R Q L I
U T T R S A N A P A L A U O O
K J W T O V I M S S M M G N
E S W I O G B R J I U U N A O
L N D E C I E K L O R I N M B
O O Z N D N M N O L M P O A R
M R Q I N U K L I R D K K S A
Y T K L M O T A Q U H U S A K
V K Y A M W B L E X C O I C K
F E K K G W E H N O C E G R L
B L Y L E H R W W P N D E P F
U E N A P P A L L E C W N T I
C A U W G P T R M B H R R M E
```

ASAM	HIDROGEN
ALKALINE	ION
ATOM	CAIR
KARBON	LOGAM
KATALIS	MOLEKUL
PANAS	NUKLIR
KLORIN	OKSIGEN
ENZIM	BERAT
ELEKTRON	GARAM
GAS	SUHU

99 - Bateaux

```
K A B M O Z C T H O K L B L L
A V C X T E M H A F M R A V M
N I S E M N Z C U L Z A Z U I
O D A N A U Q A A Q I K R P T
P E L A U T F Y J S A I C E I
P J V G D M V E M D O T S L R
A G B Z M E X I R A H A B A A
S L A P A K G N A I T M W M M
A N X Q A J N S K A Y A K P A
N M H Z B K R L G G Q F Z U L
G B X B A P B N N V C X N H
A W A K U X V H A U Y A M G J
L K L M D L T V J S V Q W D U
P E R A H U L A Y A R H P O W
Y X H E Q V X A L A Y G G L H
```

JANGKAR

PELAMPUNG

KANO

TALI

AWAK

FERI

SUNGAI

KAYAK

DANAU

PASANG

PELAUT

MARITIM

TIANG KAPAL

LAUT

MESIN

BAHARI

RAKIT

OMBAK

PERAHU LAYAR

YACHT

100 - Mesures

```
C  K  P  S  P  E  H  Q  P  O  Z  F  C  O  H
G  I  G  N  E  T  Y  B  A  A  M  A  S  S  A
K  L  D  O  D  N  V  Y  F  Y  N  T  A  P  T
K  O  E  K  E  T  T  H  B  C  G  J  G  P  I
E  G  S  I  R  O  A  I  C  N  I  R  A  Z  X
D  R  I  L  A  N  R  G  M  R  D  K  A  N  Q
A  A  M  O  J  Q  E  G  R  E  T  E  M  M  G
L  M  A  M  A  U  B  N  O  T  T  E  D  D  Y
A  W  L  E  T  V  Z  I  T  I  N  E  M  P  V
M  B  R  T  S  D  O  T  P  L  Q  M  R  W  S
A  X  C  E  Z  K  L  N  R  U  E  U  A  Z  O
N  N  R  R  K  R  E  N  D  X  C  L  B  T  I
M  P  G  F  W  I  C  K  H  Q  I  O  E  F  X
P  Q  G  V  J  N  P  F  A  B  Y  V  L  K  G
F  E  N  R  X  H  T  Y  Q  R  L  X  E  P  P
```

SENTIMETER	MASSA
DERAJAT	METER
DESIMAL	MENIT
GRAM	BYTE
TINGGI	ONS
KILOGRAM	BERAT
KILOMETER	INCI
LEBAR	KEDALAMAN
LITER	TON
PANJANG	VOLUME

1 - Adjectifs #2

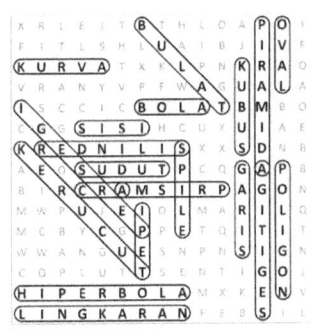

2 - Formes

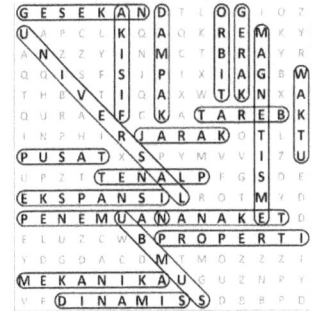

3 - Force et Gravité

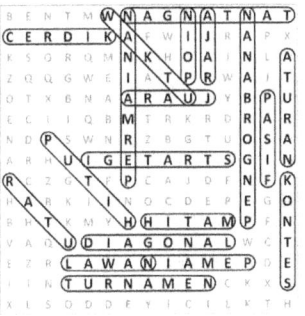

4 - Adjectifs #1

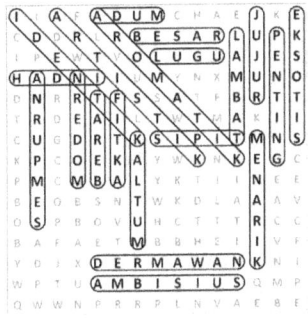

5 - Instruments de Musique

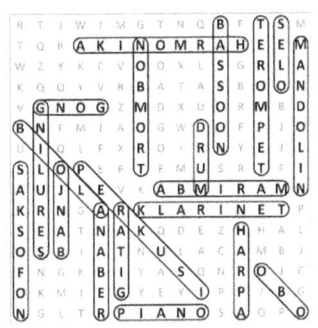

6 - Échecs

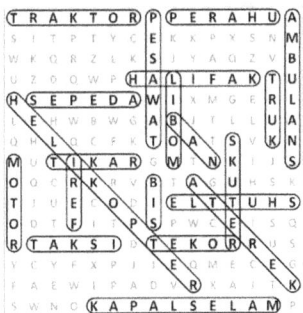

7 - Herboristerie

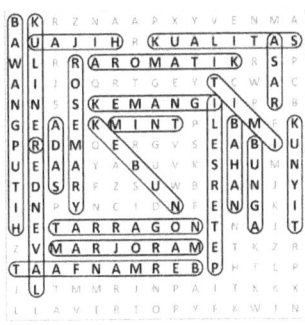

8 - Photographie

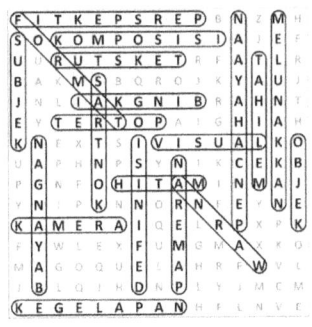

9 - Véhicules

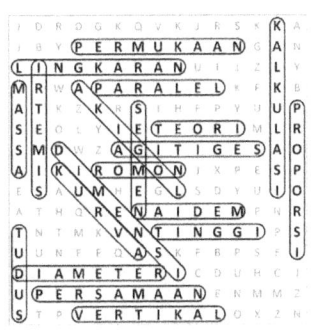

10 - Camping

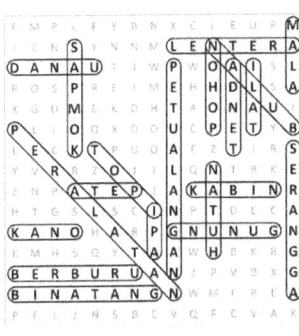

11 - Écologie

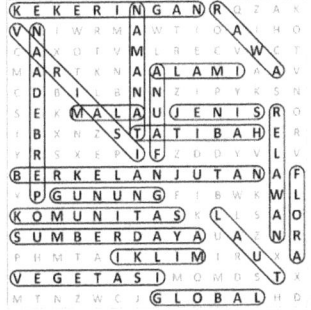

12 - Géométrie

13 - Les Médias

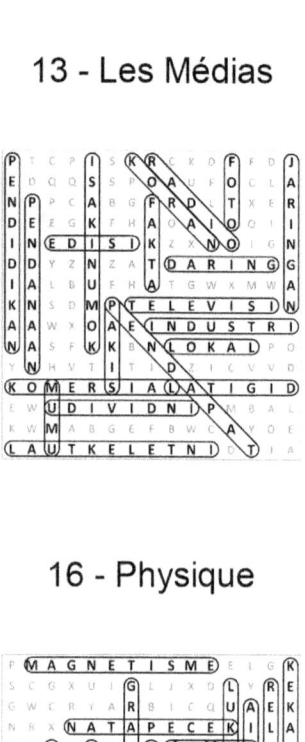

14 - Diplomatie

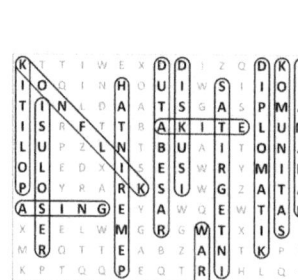

15 - Astronomie

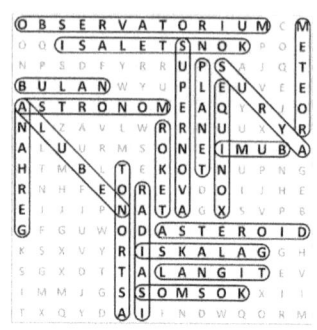

16 - Physique

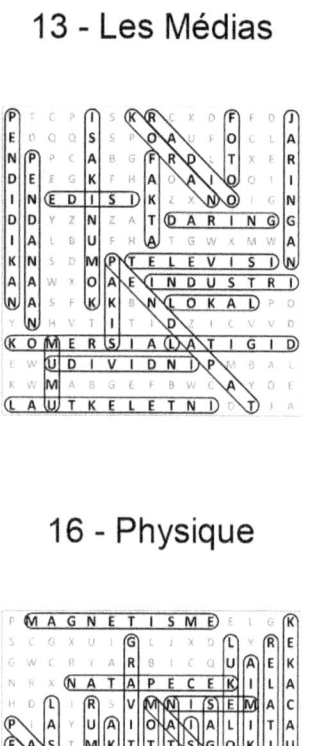

17 - Types de Cheveux

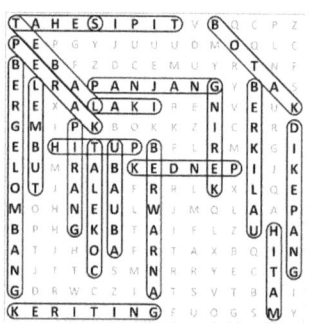

18 - Archéologie

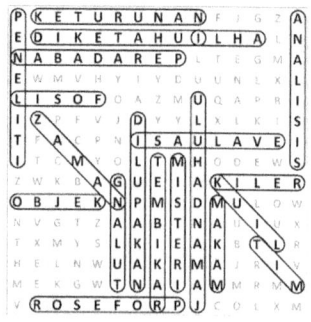

19 - Mammifères

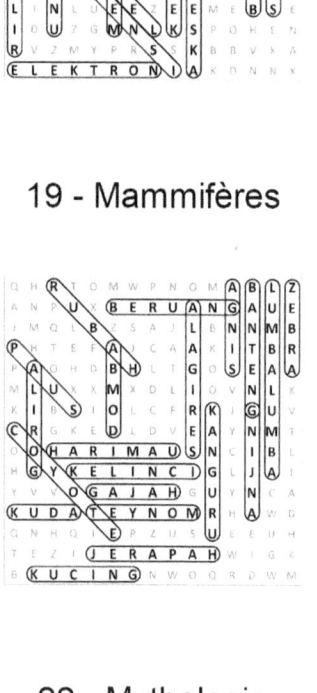

20 - Chocolat

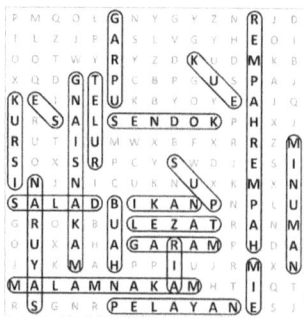

21 - Mathématiques

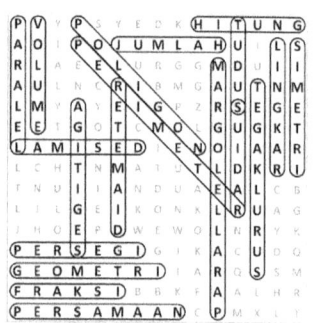

22 - Mythologie

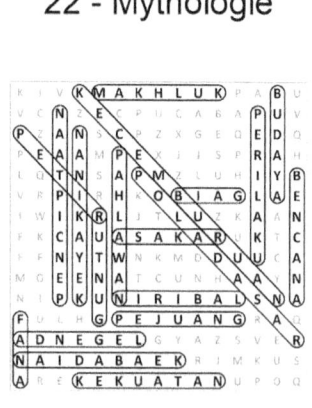

23 - Restaurant #2

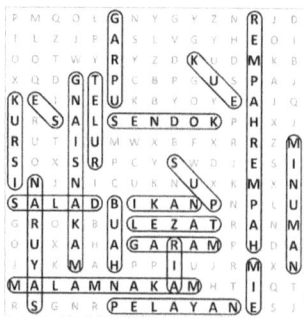

24 - Beauté

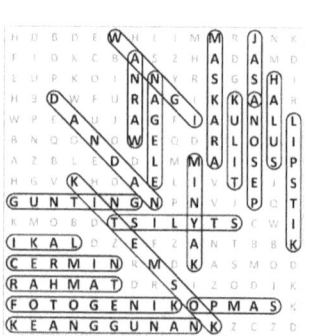

25 - Avions

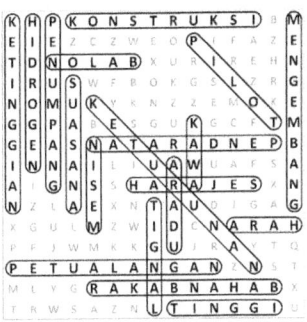

26 - Aventure

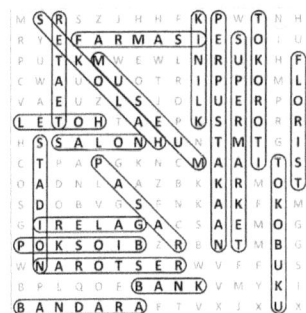

27 - Ville

28 - Ingénierie

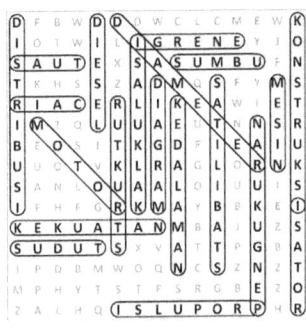

29 - Énergie

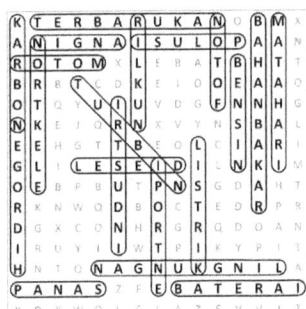

30 - Corps Humain

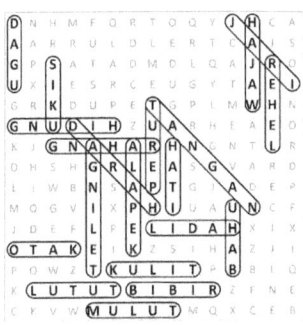

31 - Biologie

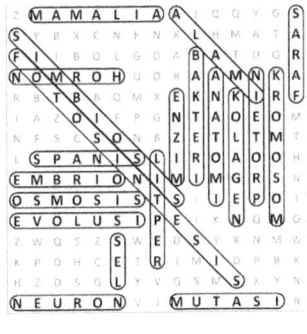

32 - Épices

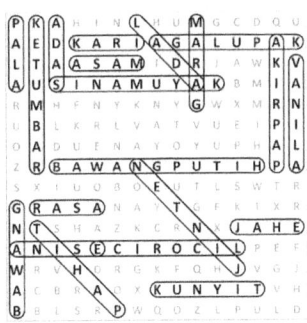

33 - Agronomie

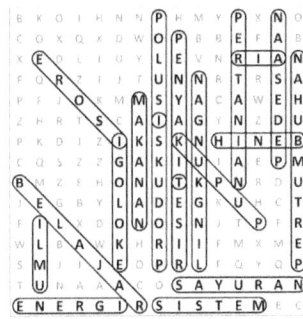

34 - Science

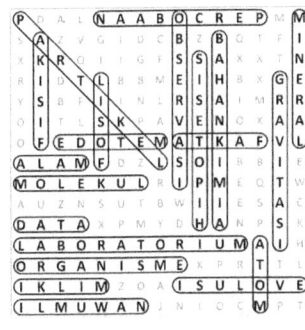

35 - Vêtements

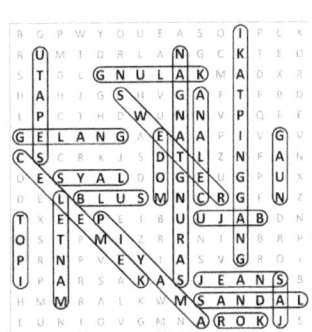

36 - Arts Visuels

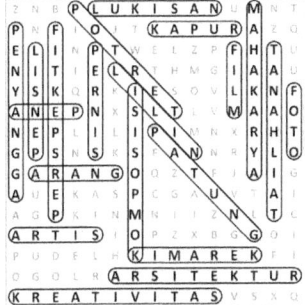

37 - Méditation

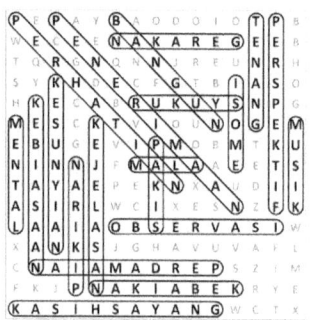

38 - Littérature

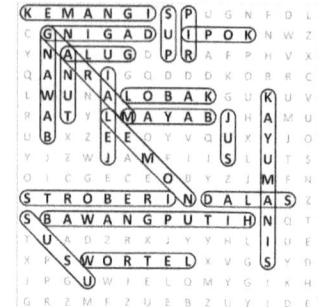

39 - Nourriture #1

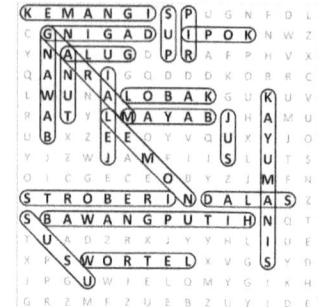

40 - Jours et Mois

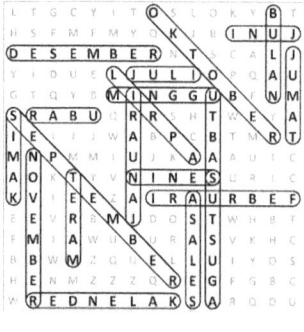

41 - Entreprise

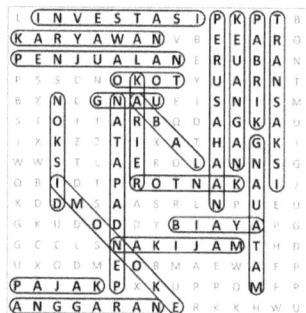

42 - Activités

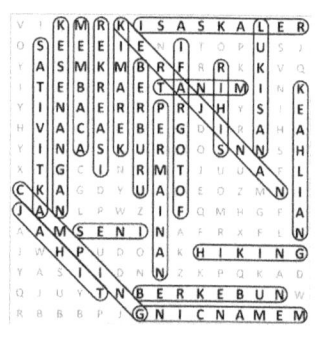

43 - Mode

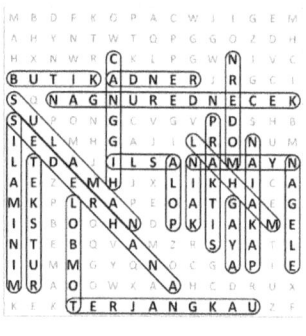

44 - Fleurs

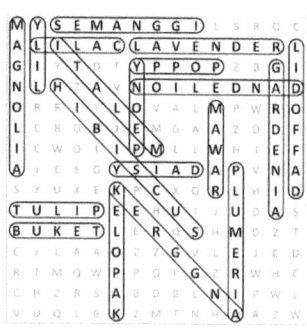

45 - Nourriture #2

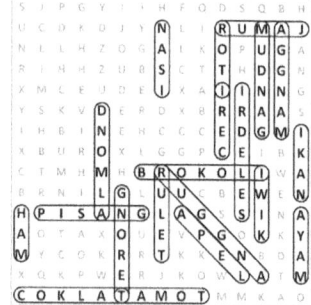

46 - Algèbre

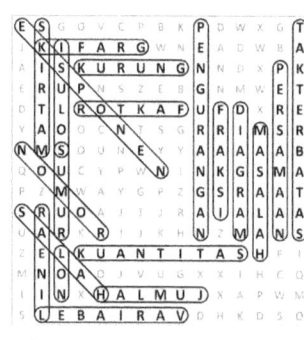

47 - Océan

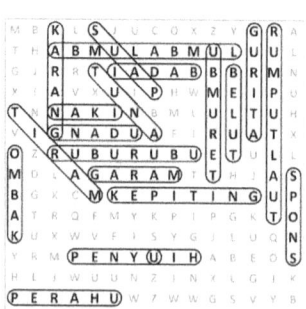

48 - Remplir

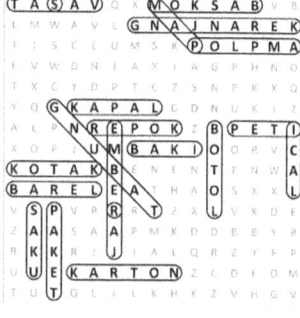

49 - Antiquités

50 - Boxe

51 - Réchauffement Cli

52 - Ballet

53 - Fruit

54 - Musique

55 - Météo

56 - L'Entreprise

57 - Gouvernement

58 - Randonnée

59 - Nutrition

60 - Créativité

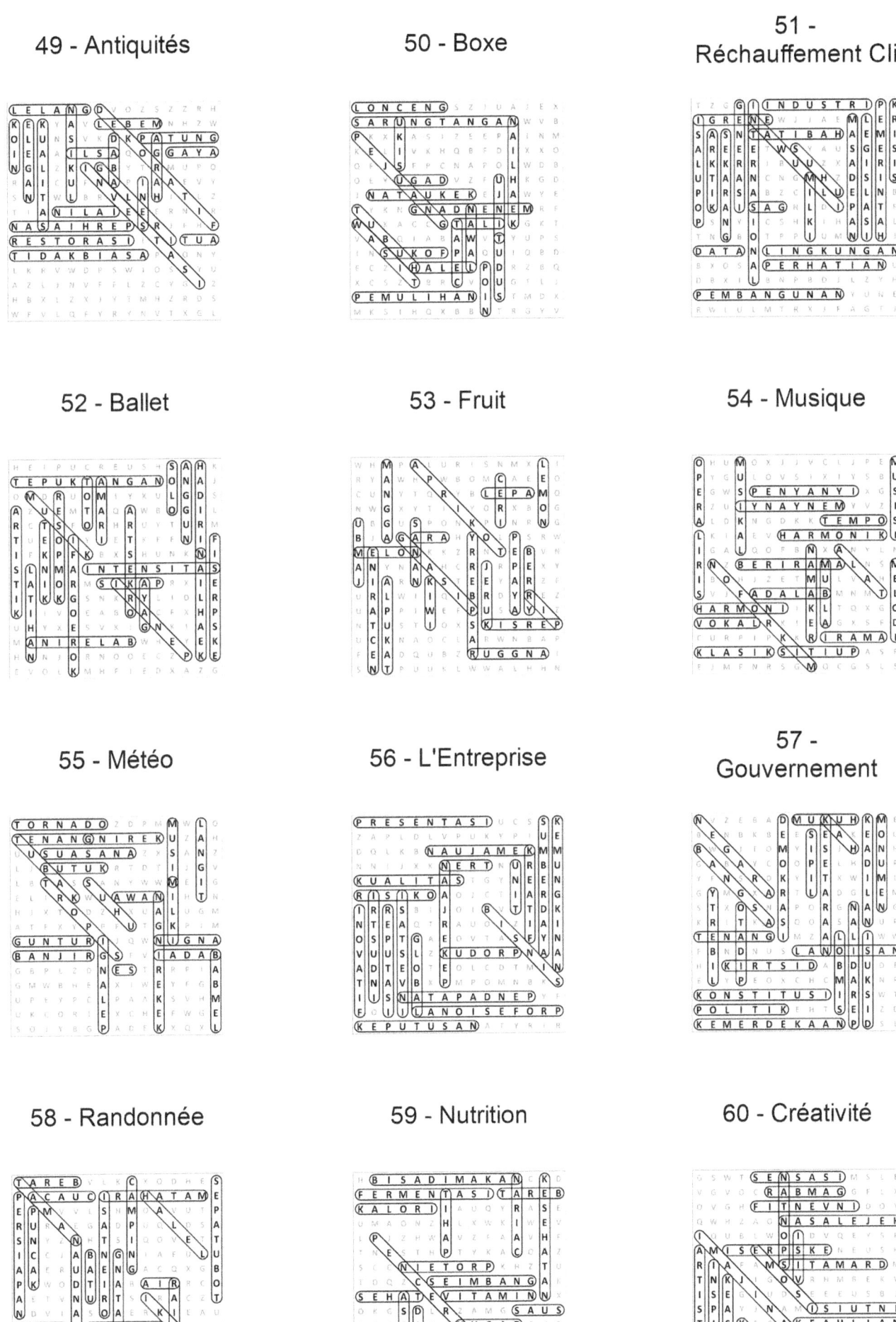

61 - Science Fiction

62 - Professions #1

63 - Géologie

64 - Jardin

65 - Santé et Bien Être #1

66 - Barbecues

67 - Ferme #1

68 - Escalade

69 - Café

70 - Antarctique

71 - Professions #2

72 - Les Abeilles

73 - Santé et Bien Être #2

74 - Conduite

75 - Plantes

76 - Ferme #2

77 - Vacances #2

78 - Temps

79 - Maison

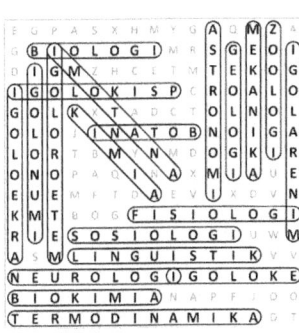

80 - Légumes

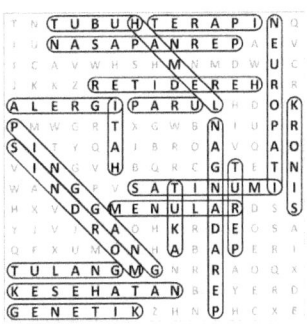

81 - Oiseaux

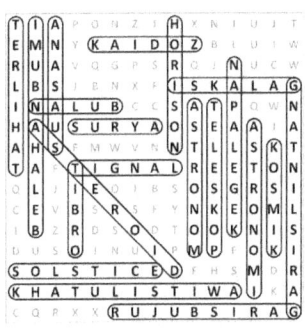

82 - Disciplines Scientifiques

83 - Maladie

84 - Univers

85 - Géographie

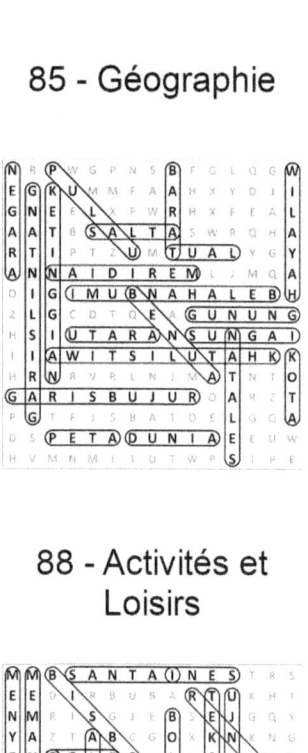

86 - Danse

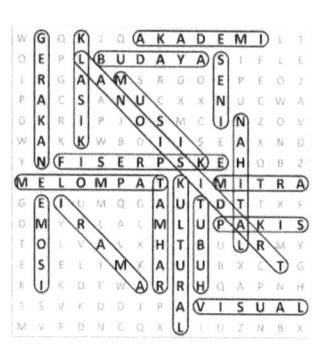

87 - Bâtiments

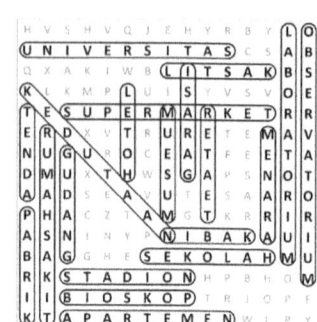

88 - Activités et Loisirs

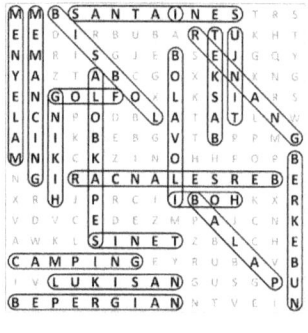

89 - Livres

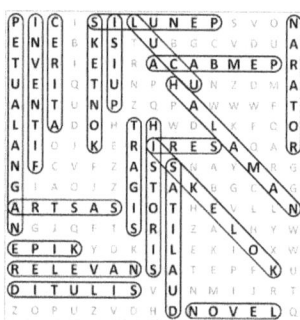

90 - Pays #2

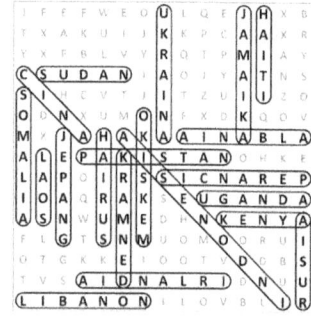

91 - Fournitures d'Art

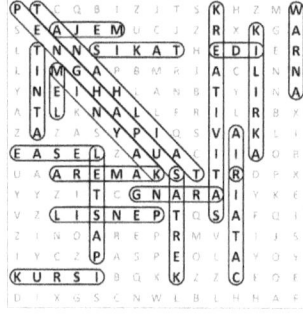

92 - Jazz

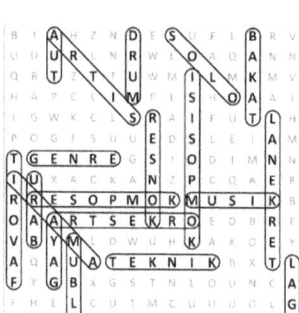

93 - Paysages

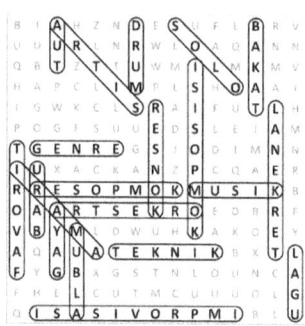

94 - Pays #1

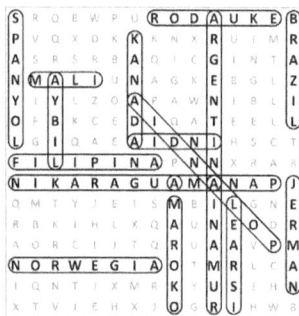

95 - Nombres

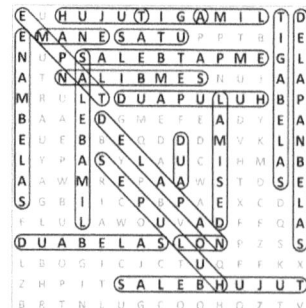

96 - Psychologie

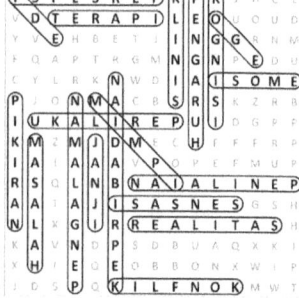

97 - Nature

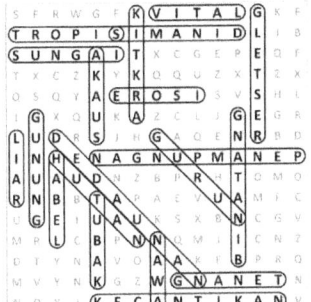

98 - Chimie

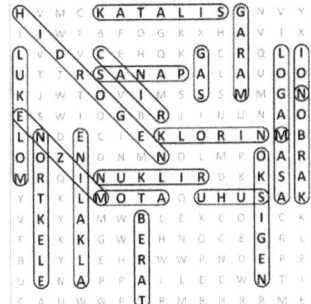

99 - Bateaux

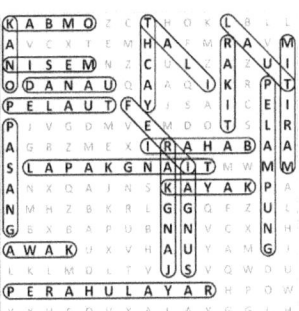

100 - Mesures

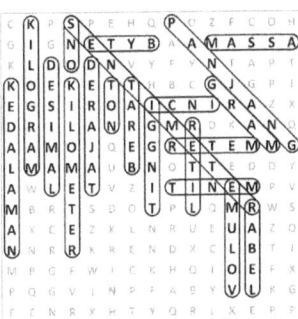

Dictionnaire

Activités
Kegiatan

Activité	Aktivitas
Art	Seni
Artisanat	Kerajinan
Camping	Camping
Céramique	Keramik
Chasse	Berburu
Compétence	Keahlian
Couture	Jahit
Intérêts	Minat
Jardinage	Berkebun
Jeux	Permainan
Lecture	Membaca
Loisir	Rekreasi
Magie	Sihir
Peinture	Lukisan
Pêche	Memancing
Photographie	Fotografi
Plaisir	Kesenangan
Randonnée	Hiking
Relaxation	Relaksasi

Activités et Loisirs
Aktivitas dan Kenyamanan

Art	Seni
Base-Ball	Bisbol
Basket-Ball	Basket
Boxe	Tinju
Camping	Camping
Course	Balap
Football	Sepak Bola
Golf	Golf
Jardinage	Berkebun
Nager	Renang
Passe-Temps	Hobi
Peinture	Lukisan
Pêche	Memancing
Plongée	Menyelam
Randonnée	Hiking
Relaxant	Santai
Surf	Berselancar
Tennis	Tenis
Volley-Ball	Bola Voli
Voyage	Bepergian

Adjectifs #1
Kata Sifat # 1

Absolu	Mutlak
Actif	Aktif
Ambitieux	Ambisius
Aromatique	Aromatik
Artistique	Artistik
Attractif	Menarik
Beau	Indah
Exotique	Eksotis
Énorme	Besar
Généreux	Dermawan
Honnête	Jujur
Identique	Identik
Important	Penting
Innocent	Lugu
Jeune	Muda
Lent	Lambat
Lourd	Berat
Mince	Tipis
Moderne	Modern
Parfait	Sempurna

Adjectifs #2
Kata Sifat #2

Authentique	Asli
Célèbre	Terkenal
Chaud	Panas
Créatif	Kreatif
Descriptif	Deskriptif
Doué	Berbakat
Dramatique	Dramatis
Élégant	Elegan
Fier	Bangga
Fort	Kuat
Intéressant	Menarik
Naturel	Alami
Nouveau	Baru
Productif	Produktif
Pur	Murni
Sain	Sehat
Salé	Asin
Sauvage	Liar
Sec	Kering
Somnolent	Mengantuk

Agronomie
Agronomi

Agriculture	Pertanian
Croissance	Pertumbuhan
Eau	Air
Engrais	Pupuk
Environnement	Lingkungan
Écologie	Ekologi
Énergie	Energi
Érosion	Erosi
Étude	Belajar
Graines	Benih
Identification	Identifikasi
Légumes	Sayuran
Maladies	Penyakit
Nourriture	Makanan
Pollution	Polusi
Production	Produksi
Recherche	Riset
Rural	Pedesaan
Science	Ilmu
Systèmes	Sistem

Algèbre
Aljabar

Diagramme	Diagram
Exposant	Eksponen
Équation	Persamaan
Facteur	Faktor
Faux	Salah
Formule	Rumus
Fraction	Fraksi
Graphique	Grafik
Infini	Tak Terbatas
Linéaire	Linear
Matrice	Matriks
Nombre	Nomor
Parenthèse	Kurung
Problème	Masalah
Quantité	Kuantitas
Solution	Solusi
Somme	Jumlah
Soustraction	Pengurangan
Variable	Variabel
Zéro	Nol

Antarctique
Antartika

Baie	Teluk
Baleines	Paus
Chercheur	Peneliti
Conservation	Konservasi
Continent	Benua
Eau	Air
Environnement	Lingkungan
Expédition	Ekspedisi
Géographie	Geografi
Glace	Es
Glaciers	Gletser
Îles	Pulau
Migration	Migrasi
Minéraux	Mineral
Oiseaux	Burung
Péninsule	Semenanjung
Rocheux	Rocky
Scientifique	Ilmiah
Température	Suhu
Topographie	Topografi

Antiquités
Barang Antik

Art	Seni
Authentique	Asli
Bijoux	Perhiasan
Décoratif	Dekoratif
Enchères	Lelang
Élégant	Elegan
Galerie	Galeri
Inhabituel	Tidak Biasa
Investissement	Investasi
Meubles	Mebel
Peintures	Lukisan
Pièces	Koin
Prix	Harga
Qualité	Kualitas
Restauration	Restorasi
Sculpture	Patung
Siècle	Abad
Style	Gaya
Valeur	Nilai
Vieux	Tua

Archéologie
Arkeologi

Analyse	Analisis
Antiquité	Jaman Dahulu
Chercheur	Peneliti
Civilisation	Peradaban
Descendant	Keturunan
Expert	Ahli
Ère	Zaman
Équipe	Tim
Évaluation	Evaluasi
Fossile	Fosil
Inconnu	Diketahui
Mystère	Misteri
Objets	Objek
Os	Tulang
Oublié	Dilupakan
Poterie	Tembikar
Professeur	Profesor
Relique	Relik
Temple	Kuil
Tombe	Makam

Arts Visuels
Seni Visual

Architecture	Arsitektur
Argile	Tanah Liat
Artiste	Artis
Céramique	Keramik
Charbon	Arang
Chef-D'Œuvre	Mahakarya
Chevalet	Penyangga
Cire	Lilin
Composition	Komposisi
Craie	Kapur
Crayon	Pensil
Créativité	Kreativitas
Film	Film
Peinture	Lukisan
Perspective	Perspektif
Photographie	Foto
Portrait	Potret
Sculpture	Patung
Stylo	Pena
Vernis	Pernis

Astronomie
Astronomi

Astéroïde	Asteroid
Astronaute	Astronot
Astronome	Astronom
Ciel	Langit
Constellation	Konstelasi
Cosmos	Kosmos
Éclipse	Gerhana
Équinoxe	Equinox
Fusée	Roket
Galaxie	Galaksi
Lune	Bulan
Météore	Meteor
Nébuleuse	Nebula
Observatoire	Observatorium
Planète	Planet
Radiation	Radiasi
Solaire	Surya
Supernova	Supernova
Terre	Bumi
Univers	Alam Semesta

Aventure
Petualangan

Activité	Aktivitas
Beauté	Kecantikan
Bravoure	Keberanian
Chance	Kesempatan
Dangereux	Berbahaya
Destination	Tujuan
Difficulté	Kesulitan
Enthousiasme	Antusiasme
Excursion	Pesiar
Inhabituel	Tidak Biasa
Itinéraire	Jadwal
Joie	Kegembiraan
Nature	Alam
Navigation	Navigasi
Nouveau	Baru
Opportunité	Peluang
Préparation	Persiapan
Sécurité	Keamanan
Surprenant	Mengejutkan
Voyages	Perjalanan

Avions
Pesawat Terbang

Air	Udara
Altitude	Ketinggian
Atmosphère	Suasana
Atterrissage	Pendaratan
Aventure	Petualangan
Ballon	Balon
Carburant	Bahan Bakar
Ciel	Langit
Construction	Konstruksi
Descente	Keturunan
Direction	Arah
Équipage	Awak
Gonfler	Mengembang
Hauteur	Tinggi
Histoire	Sejarah
Hydrogène	Hidrogen
Moteur	Mesin
Passager	Penumpang
Pilote	Pilot
Turbulence	Turbulensi

Ballet
Balet

Applaudissement	Tepuk Tangan
Artistique	Artistik
Ballerine	Balerina
Chorégraphie	Koreografi
Compétence	Keahlian
Compositeur	Komposer
Danseurs	Penari
Expressif	Ekspresif
Geste	Sikap
Gracieux	Anggun
Intensité	Intensitas
Muscles	Otot
Musique	Musik
Orchestre	Orkestra
Public	Hadirin
Répétition	Latihan
Rythme	Irama
Solo	Solo
Style	Gaya
Technique	Teknik

Barbecues
Barbekyu

Chaud	Panas
Couteaux	Pisau
Déjeuner	Makan Siang
Dîner	Makan Malam
Enfants	Anak
Été	Musim Panas
Faim	Kelaparan
Famille	Keluarga
Fruit	Buah
Gril	Grill
Jeux	Permainan
Légumes	Sayuran
Musique	Musik
Oignons	Bawang
Poivre	Lada
Poulet	Ayam
Salades	Salad
Sauce	Saus
Sel	Garam
Tomates	Tomat

Bateaux
Perahu

Ancre	Jangkar
Bouée	Pelampung
Canoë	Kano
Corde	Tali
Équipage	Awak
Ferry	Feri
Fleuve	Sungai
Kayak	Kayak
Lac	Danau
Marée	Pasang
Marin	Pelaut
Maritime	Maritim
Mât	Tiang Kapal
Mer	Laut
Moteur	Mesin
Nautique	Bahari
Radeau	Rakit
Vagues	Ombak
Voilier	Perahu Layar
Yacht	Yacht

Bâtiments
Bangunan

Ambassade	Kedutaan
Appartement	Apartemen
Cabine	Kabin
Château	Kastil
Cinéma	Bioskop
École	Sekolah
Garage	Garasi
Grange	Gudang
Hôpital	Rumah Sakit
Hôtel	Hotel
Laboratoire	Laboratorium
Musée	Museum
Observatoire	Observatorium
Stade	Stadion
Supermarché	Supermarket
Tente	Tenda
Théâtre	Teater
Tour	Menara
Université	Universitas
Usine	Pabrik

Beauté
Kecantikan

Boucles	Ikal
Charme	Pesona
Ciseaux	Gunting
Cosmétique	Kosmetik
Couleur	Warna
Élégance	Keanggunan
Élégant	Elegan
Grâce	Rahmat
Huiles	Minyak
Lisse	Halus
Maquillage	Dandan
Mascara	Maskara
Miroir	Cermin
Parfum	Wangi
Peau	Kulit
Photogénique	Fotogenik
Rouge à Lèvres	Lipstik
Services	Jasa
Shampooing	Sampo
Styliste	Stylist

Biologie
Biologi

Anatomie	Anatomi
Bactéries	Bakteri
Cellule	Sel
Chromosome	Kromosom
Collagène	Kolagen
Embryon	Embrio
Enzyme	Enzim
Évolution	Evolusi
Hormone	Hormon
Mammifère	Mamalia
Mutation	Mutasi
Naturel	Alami
Nerf	Saraf
Neurone	Neuron
Osmose	Osmosis
Photosynthèse	Fotosintesis
Protéine	Protein
Reptile	Reptil
Symbiose	Simbiosis
Synapse	Sinaps

Boxe
Tinju.

Adversaire	Lawan
Arbitre	Wasit
Cloche	Lonceng
Coin	Sudut
Combattant	Pejuang
Compétence	Keahlian
Concentrer	Fokus
Cordes	Tali
Corps	Tubuh
Coude	Siku
Coup	Menendang
Épuisé	Lelah
Force	Kekuatan
Gants	Sarung Tangan
Menton	Dagu
Poing	Tinju
Points	Poin
Rapide	Cepat
Récupération	Pemulihan

Café
Kopi

Acide	Asam
Amer	Pahit
Arôme	Aroma
Boisson	Minuman
Caféine	Kafein
Crème	Krim
Eau	Air
Filtre	Saring
Lait	Susu
Liquide	Cair
Matin	Pagi
Moudre	Menggiling
Noir	Hitam
Origine	Asal
Prix	Harga
Rôti	Panggang
Saveur	Rasa
Sucre	Gula
Tasse	Cangkir
Variété	Variasi

Camping
Berkemah

Animaux	Binatang
Arbres	Pohon
Aventure	Petualangan
Boussole	Kompas
Cabine	Kabin
Canoë	Kano
Carte	Peta
Chapeau	Topi
Chasse	Berburu
Corde	Tali
Équipement	Peralatan
Feu	Api
Forêt	Hutan
Insecte	Serangga
Lac	Danau
Lanterne	Lentera
Lune	Bulan
Montagne	Gunung
Nature	Alam
Tente	Tenda

Chimie
Kimia

Acide	Asam
Alcalin	Alkaline
Atomique	Atom
Carbone	Karbon
Catalyseur	Katalis
Chaleur	Panas
Chlore	Klorin
Enzyme	Enzim
Électron	Elektron
Gaz	Gas
Hydrogène	Hidrogen
Ion	Ion
Liquide	Cair
Métaux	Logam
Molécule	Molekul
Nucléaire	Nuklir
Oxygène	Oksigen
Poids	Berat
Sel	Garam
Température	Suhu

Chocolat
Cokelat

Amer	Pahit
Antioxydant	Antioksidan
Arôme	Aroma
Artisanal	Artisanal
Bonbon	Permen
Cacahuètes	Kacang
Cacao	Kakao
Calories	Kalori
Caramel	Karamel
Délicieux	Lezat
Doux	Manis
Exotique	Eksotis
Favori	Favorit
Goût	Rasa
Ingrédient	Bahan
Noix de Coco	Kelapa
Poudre	Bubuk
Qualité	Kualitas
Recette	Resep
Sucre	Gula

Conduite
Mengemudi

Accident	Kecelakaan
Camion	Truk
Carburant	Bahan Bakar
Carte	Peta
Danger	Bahaya
Freins	Rem
Garage	Garasi
Gaz	Gas
Licence	Lisensi
Moteur	Motor
Moto	Sepeda Motor
Piéton	Pejalan Kaki
Police	Polisi
Route	Jalan
Sécurité	Keamanan
Trafic	Lalu Lintas
Transport	Transportasi
Tunnel	Terowongan
Vitesse	Kecepatan
Voiture	Mobil

Corps Humain
Tubuh Manusia

Bouche	Mulut
Cerveau	Otak
Cou	Leher
Coude	Siku
Cœur	Hati
Doigt	Jari
Estomac	Perut
Épaule	Bahu
Genou	Lutut
Langue	Lidah
Lèvres	Bibir
Main	Tangan
Mâchoire	Rahang
Menton	Dagu
Nez	Hidung
Oreille	Telinga
Peau	Kulit
Sang	Darah
Tête	Kepala
Visage	Wajah

Créativité
Kreativitas

Artistique	Artistik
Authenticité	Keaslian
Clarté	Kejelasan
Compétence	Keahlian
Dramatique	Dramatis
Expression	Ekspresi
Émotions	Emosi
Fluidité	Fluiditas
Idées	Ide
Image	Gambar
Imagination	Imajinasi
Impression	Kesan
Inspiration	Inspirasi
Intensité	Intensitas
Intuition	Intuisi
Inventif	Inventif
Sensation	Sensasi
Spontané	Spontan
Visions	Visi
Vitalité	Daya Hidup

Danse
Menari

Académie	Akademi
Art	Seni
Chorégraphie	Koreografi
Classique	Klasik
Corps	Tubuh
Culture	Budaya
Culturel	Kultural
Expressif	Ekspresif
Émotion	Emosi
Grâce	Rahmat
Mouvement	Gerakan
Musique	Musik
Partenaire	Mitra
Posture	Sikap
Répétition	Latihan
Rythme	Irama
Saut	Melompat
Traditionnel	Tradisional
Visuel	Visual

Diplomatie
Diplomasi

Ambassade	Kedutaan
Ambassadeur	Duta Besar
Citoyens	Warga
Communauté	Komunitas
Conflit	Konflik
Conseiller	Penasihat
Coopération	Kerja Sama
Diplomatique	Diplomatik
Discussion	Diskusi
Éthique	Etika
Étranger	Asing
Gouvernement	Pemerintah
Humanitaire	Kemanusiaan
Intégrité	Integritas
Justice	Keadilan
Politique	Politik
Résolution	Resolusi
Sécurité	Keamanan
Solution	Solusi
Traité	Perjanjian

Disciplines Scientifiques
Disiplin Ilmiah

Anatomie	Anatomi
Archéologie	Arkeologi
Astronomie	Astronomi
Biochimie	Biokimia
Biologie	Biologi
Botanique	Botani
Chimie	Kimia
Écologie	Ekologi
Géologie	Geologi
Immunologie	Imunologi
Linguistique	Linguistik
Mécanique	Mekanika
Météorologie	Meteorologi
Minéralogie	Mineralogi
Neurologie	Neurologi
Physiologie	Fisiologi
Psychologie	Psikologi
Sociologie	Sosiologi
Thermodynamique	Termodinamika
Zoologie	Zoologi

Entreprise
Bisnis

Argent	Uang
Boutique	Toko
Budget	Anggaran
Bureau	Kantor
Carrière	Karier
Coût	Biaya
Devise	Mata Uang
Employeur	Majikan
Employé	Karyawan
Entreprise	Perusahaan
Économie	Ekonomi
Finance	Keuangan
Impôts	Pajak
Investissement	Investasi
Profit	Laba
Revenu	Pendapatan
Réduction	Diskon
Transaction	Transaksi
Usine	Pabrik
Vente	Penjualan

Escalade
Pendakian

Altitude	Ketinggian
Atmosphère	Suasana
Blessure	Cedera
Bottes	Sepatu Bot
Carte	Peta
Casque	Helm
Curiosité	Keingintahuan
Défis	Tantangan
Expert	Ahli
Étroit	Sempit
Force	Kekuatan
Formation	Pelatihan
Gants	Sarung Tangan
Grotte	Gua
Guides	Panduan
Physique	Fisik
Randonnée	Hiking
Stabilité	Stabilitas
Terrain	Medan

Échecs
Catur

Adversaire	Lawan
Blanc	Putih
Champion	Juara
Concours	Kontes
Défis	Tantangan
Diagonal	Diagonal
Intelligent	Cerdik
Jeu	Permainan
Joueur	Pemain
Noir	Hitam
Passif	Pasif
Points	Poin
Reine	Ratu
Règles	Aturan
Roi	Raja
Sacrifice	Pengorbanan
Stratégie	Strategi
Temps	Waktu
Tournoi	Turnamen

Écologie
Ekologi

Bénévoles	Relawan
Climat	Iklim
Communautés	Komunitas
Diversité	Perbedaan
Durable	Berkelanjutan
Espèce	Jenis
Faune	Fauna
Flore	Flora
Global	Global
Habitat	Habitat
Marais	Rawa
Marin	Laut
Montagnes	Gunung
Nature	Alam
Naturel	Alami
Plantes	Tanaman
Ressources	Sumber Daya
Sécheresse	Kekeringan
Variété	Variasi
Végétation	Vegetasi

Énergie
Energi

Batterie	Baterai
Carbone	Karbon
Carburant	Bahan Bakar
Chaleur	Panas
Diesel	Diesel
Entropie	Entropi
Environnement	Lingkungan
Essence	Bensin
Électrique	Listrik
Électron	Elektron
Hydrogène	Hidrogen
Industrie	Industri
Moteur	Motor
Nucléaire	Nuklir
Photon	Foton
Pollution	Polusi
Renouvelable	Terbarukan
Soleil	Matahari
Turbine	Turbin
Vent	Angin

Épices
Rempah-Rempah

Aigre	Asam
Ail	Bawang Putih
Amer	Pahit
Anis	Anise
Cannelle	Kayu Manis
Cardamome	Kapulaga
Coriandre	Ketumbar
Cumin	Jinten
Curry	Kari
Fenouil	Adas
Gingembre	Jahe
Muscade	Pala
Oignon	Bawang
Paprika	Paprika
Poivre	Lada
Réglisse	Licorice
Safran	Kunyit
Saveur	Rasa
Sel	Garam
Vanille	Vanila

Ferme #1
Peternakan #1

Abeille	Lebah
Agriculture	Pertanian
Âne	Keledai
Bison	Bison
Champ	Bidang
Chat	Kucing
Cheval	Kuda
Chèvre	Kambing
Chien	Anjing
Clôture	Pagar
Corbeau	Gagak
Eau	Air
Engrais	Pupuk
Foin	Jerami
Miel	Sayang
Poulet	Ayam
Riz	Nasi
Troupeau	Kawanan
Vache	Sapi
Veau	Betis

Ferme #2
Peternakan #2

Agriculteur	Petani
Animaux	Binatang
Berger	Gembala
Blé	Gandum
Canard	Bebek
Fruit	Buah
Grange	Gudang
Irrigation	Irigasi
Lait	Susu
Lama	Llama
Légume	Sayur-Mayur
Maïs	Jagung
Mouton	Domba
Mûr	Matang
Nourriture	Makanan
Orge	Jelai
Pré	Padang Rumput
Ruche	Beehive
Tracteur	Traktor
Verger	Orchard

Fleurs
Bunga-Bunga

Bouquet	Buket
Gardénia	Gardenia
Hibiscus	Hibiscus
Jasmin	Melati
Jonquille	Daffodil
Lavande	Lavender
Lilas	Lilac
Lys	Lily
Magnolia	Magnolia
Marguerite	Daisy
Orchidée	Anggrek
Passiflore	Passionflower
Pavot	Poppy
Pétale	Kelopak
Pissenlit	Dandelion
Pivoine	Peony
Plumeria	Plumeria
Rose	Mawar
Trèfle	Semanggi
Tulipe	Tulip

Force et Gravité
Gaya dan Gravitasi

Axe	Sumbu
Centre	Pusat
Découverte	Penemuan
Distance	Jarak
Dynamique	Dinamis
Expansion	Ekspansi
Friction	Gesekan
Impact	Dampak
Magnétisme	Magnetisme
Mécanique	Mekanika
Mouvement	Gerak
Orbite	Orbit
Physique	Fisika
Planètes	Planet
Poids	Berat
Pression	Tekanan
Propriétés	Properti
Temps	Waktu
Universel	Universal
Vitesse	Kecepatan

Formes
Bentuk

Arc	Arc
Bords	Tepi
Carré	Persegi
Cercle	Lingkaran
Coin	Sudut
Courbe	Kurva
Cône	Kerucut
Côté	Sisi
Cube	Kubus
Cylindre	Silinder
Ellipse	Elips
Hyperbole	Hiperbola
Ligne	Garis
Ovale	Oval
Polygone	Poligon
Prisme	Prisma
Pyramide	Piramida
Rond	Bulat
Sphère	Bola
Triangle	Segitiga

Fournitures d'Art
Perlengkapan Seni

Acrylique	Akrilik
Aquarelles	Cat Air
Argile	Tanah Liat
Brosses	Sikat
Caméra	Kamera
Chaise	Kursi
Charbon	Arang
Chevalet	Easel
Colle	Lem
Couleurs	Warna
Crayons	Pensil
Créativité	Kreativitas
Eau	Air
Encre	Tinta
Gomme	Penghapus
Huile	Minyak
Idées	Ide
Papier	Kertas
Pastels	Pastel
Table	Meja

Fruit
Buah

Abricot	Aprikot
Ananas	Nanas
Avocat	Alpukat
Baie	Berry
Banane	Pisang
Cerise	Ceri
Citron	Lemon
Figue	Ara
Framboise	Raspberry
Goyave	Jambu
Kiwi	Kiwi
Mangue	Mangga
Melon	Melon
Nectarine	Nectarine
Orange	Jeruk
Papaye	Pepaya
Pêche	Persik
Poire	Pir
Pomme	Apel
Raisin	Anggur

Géographie
Geografi

Altitude	Ketinggian
Atlas	Atlas
Carte	Peta
Continent	Benua
Équateur	Khatulistiwa
Fleuve	Sungai
Hémisphère	Belahan Bumi
Île	Pulau
Latitude	Garis Lintang
Longitude	Garis Bujur
Mer	Laut
Méridien	Meridian
Monde	Dunia
Montagne	Gunung
Nord	Utara
Ouest	Barat
Pays	Negara
Sud	Selatan
Territoire	Wilayah
Ville	Kota

Géologie
Geologi

Acide	Asam
Calcium	Kalsium
Caverne	Gua
Continent	Benua
Corail	Karang
Couche	Lapisan
Cristaux	Kristal
Érosion	Erosi
Fondu	Cair
Fossile	Fosil
Geyser	Geyser
Lave	Lahar
Minéraux	Mineral
Pierre	Batu
Quartz	Kuarsa
Sel	Garam
Stalactite	Stalaktit
Stalagmites	Stalagmit
Volcan	Gunung Berapi
Zone	Zona

Géométrie
Geometri

Angle	Sudut
Calcul	Kalkulasi
Cercle	Lingkaran
Courbe	Kurva
Diamètre	Diameter
Dimension	Dimensi
Équation	Persamaan
Hauteur	Tinggi
Logique	Logika
Masse	Massa
Médian	Median
Nombre	Nomor
Parallèle	Paralel
Proportion	Proporsi
Segment	Segmen
Surface	Permukaan
Symétrie	Simetri
Théorie	Teori
Triangle	Segitiga
Vertical	Vertikal

Gouvernement
Pemerintah

Civil	Sipil
Constitution	Konstitusi
Démocratie	Demokrasi
Discours	Pidato
Discussion	Diskusi
District	Distrik
Droits	Hak
Égalité	Kesetaraan
État	Negara
Indépendance	Kemerdekaan
Judiciaire	Peradilan
Justice	Keadilan
Liberté	Liberty
Loi	Hukum
Monument	Monumen
Nation	Bangsa
National	Nasional
Paisible	Tenang
Politique	Politik
Symbole	Simbol

Herboristerie
Herbalisme

Ail	Bawang Putih
Aromatique	Aromatik
Basilic	Kemangi
Bénéfique	Bermanfaat
Culinaire	Kuliner
Estragon	Tarragon
Fenouil	Adas
Fleur	Bunga
Ingrédient	Bahan
Jardin	Kebun
Lavande	Lavender
Marjolaine	Marjoram
Menthe	Mint
Persil	Peterseli
Qualité	Kualitas
Romarin	Rosemary
Safran	Kunyit
Saveur	Rasa
Thym	Timi
Vert	Hijau

Ingénierie
Rekayasa

Angle	Sudut
Axe	Sumbu
Calcul	Kalkulasi
Construction	Konstruksi
Diagramme	Diagram
Diamètre	Diameter
Diesel	Diesel
Distribution	Distribusi
Énergie	Energi
Force	Kekuatan
Leviers	Tuas
Liquide	Cair
Machine	Mesin
Mesure	Pengukuran
Moteur	Motor
Profondeur	Kedalaman
Propulsion	Propulsi
Rotation	Rotasi
Stabilité	Stabilitas
Structure	Struktur

Instruments de Musique
Instrumen Musik

Banjo	Banjo
Basson	Bassoon
Clarinette	Klarinet
Flûte	Seruling
Gong	Gong
Guitare	Gitar
Harmonica	Harmonika
Harpe	Harpa
Hautbois	Obo
Mandoline	Mandolin
Marimba	Marimba
Percussion	Perkusi
Piano	Piano
Saxophone	Saksofon
Tambour	Drum
Tambourin	Rebana
Trombone	Trombon
Trompette	Terompet
Violon	Biola
Violoncelle	Selo

Jardin
Taman

Arbre	Pohon
Banc	Bangku
Buisson	Semak
Clôture	Pagar
Étang	Kolam
Fleur	Bunga
Garage	Garasi
Herbe	Rumput
Jardin	Kebun
Mauvaises Herbes	Gulma
Pelle	Sekop
Porche	Beranda
Râteau	Menyapu
Roches	Batu
Sol	Tanah
Terrasse	Teras
Trampoline	Trampolin
Tuyau	Selang
Verger	Orchard
Vigne	Vine

Jazz
Jazz

Album	Album
Artiste	Artis
Célèbre	Terkenal
Chanson	Lagu
Compositeur	Komposer
Composition	Komposisi
Concert	Konser
Favoris	Favorit
Genre	Genre
Improvisation	Improvisasi
Musique	Musik
Nouveau	Baru
Orchestre	Orkestra
Rythme	Irama
Solo	Solo
Style	Gaya
Talent	Bakat
Tambours	Drum
Technique	Teknik
Vieux	Tua

Jours et Mois
Hari dan Bulan

Août	Agustus
Avril	April
Calendrier	Kalender
Décembre	Desember
Dimanche	Minggu
Février	Februari
Janvier	Januari
Jeudi	Kamis
Juillet	Juli
Juin	Juni
Lundi	Senin
Mardi	Selasa
Mars	Maret
Mercredi	Rabu
Mois	Bulan
Novembre	November
Octobre	Oktober
Samedi	Sabtu
Septembre	September
Vendredi	Jumat

L'Entreprise
Perusahaan

Affaires	Bisnis
Créatif	Kreatif
Décision	Keputusan
Emploi	Pekerjaan
Global	Global
Industrie	Industri
Innovant	Inovatif
Investissement	Investasi
Possibilité	Kemungkinan
Présentation	Presentasi
Produit	Produk
Professionnel	Profesional
Progrès	Kemajuan
Qualité	Kualitas
Ressources	Sumber Daya
Revenu	Pendapatan
Réputation	Reputasi
Risques	Risiko
Tendances	Tren
Unités	Unit

Les Abeilles
Lebah

Ailes	Sayap
Bénéfique	Bermanfaat
Cire	Lilin
Diversité	Perbedaan
Essaim	Kawanan
Écosystème	Ekosistem
Fleur	Mekar
Fleurs	Bunga
Fruit	Buah
Fumée	Asap
Habitat	Habitat
Insecte	Serangga
Jardin	Kebun
Miel	Sayang
Nourriture	Makanan
Plantes	Tanaman
Pollen	Serbuk Sari
Reine	Ratu
Ruche	Sarang
Soleil	Matahari

Les Médias
Media

Attitudes	Sikap
Commercial	Komersial
Communication	Komunikasi
En Ligne	Daring
Édition	Edisi
Éducation	Pendidikan
Faits	Fakta
Financement	Pendanaan
Individuel	Individu
Industrie	Industri
Intellectuel	Intelektual
Journaux	Koran
Local	Lokal
Numérique	Digital
Opinion	Pendapat
Photos	Foto
Public	Umum
Radio	Radio
Réseau	Jaringan
Télévision	Televisi

Légumes
Sayuran

Ail	Bawang Putih
Algue	Rumput Laut
Artichaut	Artichoke
Aubergine	Terong
Brocoli	Brokoli
Carotte	Wortel
Céleri	Seledri
Champignon	Jamur
Citrouille	Labu
Concombre	Mentimun
Échalote	Bawang Merah
Épinard	Bayam
Gingembre	Jahe
Navet	Lobak
Oignon	Bawang
Olive	Zaitun
Persil	Peterseli
Pois	Kacang
Salade	Salad
Tomate	Tomat

Littérature
Literatur

Analogie	Analogi
Analyse	Analisis
Anecdote	Anekdot
Auteur	Penulis
Biographie	Biografi
Comparaison	Perbandingan
Conclusion	Kesimpulan
Description	Deskripsi
Dialogue	Dialog
Fiction	Fiksi
Métaphore	Metafora
Narrateur	Narator
Poème	Puisi
Poétique	Puitis
Rime	Sajak
Roman	Novel
Rythme	Irama
Style	Gaya
Thème	Tema
Tragédie	Tragedi

Livres
Buku-Buku

Auteur	Penulis
Aventure	Petualangan
Collection	Koleksi
Contexte	Konteks
Dualité	Dualitas
Écrit	Ditulis
Épique	Epik
Histoire	Cerita
Historique	Historis
Humoristique	Lucu
Inventif	Inventif
Lecteur	Pembaca
Littéraire	Sastra
Narrateur	Narator
Page	Halaman
Pertinent	Relevan
Poésie	Puisi
Roman	Novel
Série	Seri
Tragique	Tragis

Maison
Rumah

Balai	Sapu
Bibliothèque	Perpustakaan
Chambre	Ruangan
Cheminée	Perapian
Clés	Kunci
Clôture	Pagar
Cuisine	Dapur
Douche	Mandi
Fenêtre	Jendela
Garage	Garasi
Grenier	Loteng
Jardin	Kebun
Lampe	Lampu
Miroir	Cermin
Mur	Dinding
Plafond	Langit-Langit
Porte	Pintu
Rideaux	Tirai
Tapis	Karpet
Toit	Atap

Maladie
Penyakit

Abdominal	Perut
Aigu	Akut
Allergies	Alergi
Chronique	Kronis
Contagieux	Menular
Corps	Tubuh
Cœur	Hati
Faible	Lemah
Génétique	Genetik
Héréditaire	Herediter
Immunité	Imunitas
Inflammation	Peradangan
Lombaire	Pinggang
Neuropathie	Neuropati
Os	Tulang
Pulmonaire	Paru
Respiratoire	Pernapasan
Santé	Kesehatan
Syndrome	Sindrom
Thérapie	Terapi

Mammifères
Mamalia

Baleine	Paus
Chat	Kucing
Cheval	Kuda
Chien	Anjing
Coyote	Coyote
Dauphin	Lumba-Lumba
Éléphant	Gajah
Girafe	Jerapah
Gorille	Gorila
Kangourou	Kanguru
Lapin	Kelinci
Lion	Singa
Loup	Serigala
Mouton	Domba
Ours	Beruang
Renard	Rubah
Singe	Monyet
Taureau	Banteng
Tigre	Harimau
Zèbre	Zebra

Mathématiques
Matematika

Angles	Sudut
Arithmétique	Hitung
Carré	Persegi
Circonférence	Lingkar
Décimal	Desimal
Diamètre	Diameter
Exposant	Eksponen
Équation	Persamaan
Fraction	Fraksi
Géométrie	Geometri
Parallèle	Paralel
Parallélogramme	Parallelogram
Perpendiculaire	Tegak Lurus
Périmètre	Perimeter
Polygone	Poligon
Rayon	Radius
Somme	Jumlah
Symétrie	Simetri
Triangle	Segitiga
Volume	Volume

Mesures
Pengukuran

Centimètre	Sentimeter
Degré	Derajat
Décimal	Desimal
Gramme	Gram
Hauteur	Tinggi
Kilogramme	Kilogram
Kilomètre	Kilometer
Largeur	Lebar
Litre	Liter
Longueur	Panjang
Masse	Massa
Mètre	Meter
Minute	Menit
Octet	Byte
Once	Ons
Poids	Berat
Pouce	Inci
Profondeur	Kedalaman
Tonne	Ton
Volume	Volume

Méditation
Meditasi

Acceptation	Penerimaan
Attention	Perhatian
Calme	Tenang
Clarté	Kejelasan
Compassion	Kasih Sayang
Esprit	Pikiran
Émotions	Emosi
Éveillé	Bangun
Gentillesse	Kebaikan
Gratitude	Syukur
Habitudes	Kebiasaan
Mental	Mental
Mouvement	Gerakan
Musique	Musik
Nature	Alam
Observation	Observasi
Paix	Perdamaian
Perspective	Perspektif
Posture	Sikap
Silence	Kesunyian

Météo
Cuaca

Arc-En-Ciel	Pelangi
Atmosphère	Suasana
Brouillard	Kabut
Calme	Tenang
Ciel	Langit
Climat	Iklim
Glace	Es
Humide	Lembab
Inondation	Banjir
Mousson	Musim
Nuage	Awan
Polaire	Kutub
Sec	Kering
Sécheresse	Kekeringan
Température	Suhu
Tempête	Badai
Tonnerre	Guntur
Tornade	Tornado
Tropical	Tropis
Vent	Angin

Mode
Fashion

Abordable	Terjangkau
Boutique	Butik
Boutons	Tombol
Broderie	Sulaman
Cher	Mahal
Confortable	Nyaman
Dentelle	Renda
Élégant	Elegan
Minimaliste	Minimalis
Moderne	Modern
Modeste	Sederhana
Modèle	Pola
Original	Asli
Pratique	Praktis
Sophistiqué	Canggih
Style	Gaya
Tendance	Kecenderungan
Texture	Tekstur
Tissu	Kain
Vêtements	Pakaian

Musique
Musik

Album	Album
Ballade	Balada
Chanter	Menyanyi
Chanteur	Penyanyi
Classique	Klasik
Enregistrement	Rekaman
Harmonie	Harmoni
Harmonique	Harmonik
Instrument	Alat
Lyrique	Liris
Mélodie	Melodi
Microphone	Mikrofon
Musical	Musikal
Musicien	Musisi
Opéra	Opera
Poétique	Puitis
Rythme	Irama
Rythmique	Berirama
Tempo	Tempo
Vocal	Vokal

Mythologie
Mitologi

Archétype	Pola Dasar
Catastrophe	Bencana
Comportement	Perilaku
Création	Penciptaan
Créature	Makhluk
Croyances	Keyakinan
Culture	Budaya
Éclair	Petir
Force	Kekuatan
Guerrier	Pejuang
Héros	Pahlawan
Immortalité	Keabadian
Jalousie	Kecemburuan
Labyrinthe	Labirin
Légende	Legenda
Magique	Gaib
Monstre	Rakasa
Mortel	Fana
Tonnerre	Guntur
Vengeance	Balas Dendam

Nature
Alam

Abeilles	Lebah
Abri	Penampungan
Animaux	Binatang
Arctique	Arktik
Beauté	Kecantikan
Brouillard	Kabut
Désert	Gurun
Dynamique	Dinamis
Érosion	Erosi
Feuillage	Dedaunan
Fleuve	Sungai
Forêt	Hutan
Glacier	Gletser
Montagnes	Gunung
Nuage	Awan
Paisible	Tenang
Sanctuaire	Suaka
Sauvage	Liar
Tropical	Tropis
Vital	Vital

Nombres
Angka

Cinq	Lima
Deux	Dua
Décimal	Desimal
Dix	Sepuluh
Dix-Huit	Delapan Belas
Dix-Sept	Tujuh Belas
Douze	Dua Belas
Huit	Delapan
Neuf	Sembilan
Quatorze	Empat Belas
Quatre	Empat
Quinze	Lima Belas
Seize	Enam Belas
Sept	Tujuh
Six	Enam
Treize	Tiga Belas
Trois	Tiga
Un	Satu
Vingt	Dua Puluh
Zéro	Nol

Nourriture #1
Makanan # 1

Ail	Bawang Putih
Basilic	Kemangi
Café	Kopi
Cannelle	Kayu Manis
Carotte	Wortel
Citron	Lemon
Épinard	Bayam
Fraise	Stroberi
Jus	Jus
Lait	Susu
Navet	Lobak
Oignon	Bawang
Orge	Jelai
Poire	Pir
Salade	Salad
Sel	Garam
Soupe	Sup
Sucre	Gula
Thon	Tuna
Viande	Daging

Nourriture #2
Makanan # 2

Amande	Almond
Aubergine	Terong
Banane	Pisang
Blé	Gandum
Brocoli	Brokoli
Cerise	Ceri
Céleri	Seledri
Champignon	Jamur
Chocolat	Coklat
Jambon	Ham
Kiwi	Kiwi
Mangue	Mangga
Oeuf	Telur
Pain	Roti
Poisson	Ikan
Pomme	Apel
Poulet	Ayam
Raisin	Anggur
Riz	Nasi
Tomate	Tomat

Nutrition
Nutrisi

Amer	Pahit
Appétit	Nafsu Makan
Calories	Kalori
Comestible	Bisa Dimakan
Diète	Diet
Digestion	Pencernaan
Épices	Rempah-Rempah
Équilibré	Seimbang
Fermentation	Fermentasi
Glucides	Karbohidrat
Liquides	Cairan
Poids	Berat
Protéines	Protein
Qualité	Kualitas
Sain	Sehat
Santé	Kesehatan
Sauce	Saus
Saveur	Rasa
Toxine	Racun
Vitamine	Vitamin

Océan
Samudra

Algue	Rumput Laut
Anguille	Belut
Baleine	Paus
Bateau	Perahu
Corail	Karang
Crabe	Kepiting
Crevette	Udang
Dauphin	Lumba-Lumba
Éponge	Spons
Huître	Tiram
Méduse	Ubur-Ubur
Poisson	Ikan
Poulpe	Gurita
Requin	Hiu
Récif	Terumbu
Sel	Garam
Tempête	Badai
Thon	Tuna
Tortue	Penyu
Vagues	Ombak

Oiseaux
Burung-Burung

Aigle	Elang
Autruche	Burung Unta
Canard	Bebek
Canari	Kenari
Cigogne	Bangau
Colombe	Merpati
Corbeau	Gagak
Coucou	Cuckoo
Cygne	Angsa
Flamant	Flamingo
Hibou	Burung Hantu
Manchot	Penguin
Moineau	Burung Pipit
Mouette	Gull
Oeuf	Telur
Paon	Merak
Perroquet	Burung Beo
Pélican	Pelikan
Poulet	Ayam
Toucan	Toucan

Pays #1
Negara # 1

Afghanistan	Afghanistan
Allemagne	Jerman
Argentine	Argentina
Brésil	Brazil
Canada	Kanada
Espagne	Spanyol
Équateur	Ekuador
Finlande	Finlandia
Inde	India
Israël	Israel
Libye	Libya
Mali	Mali
Maroc	Maroko
Nicaragua	Nikaragua
Norvège	Norwegia
Panama	Panama
Philippines	Filipina
Pologne	Polandia
Roumanie	Rumania
Venezuela	Venezuela

Pays #2
Negara #2

Albanie	Albania
Chine	Cina
Danemark	Denmark
France	Perancis
Haïti	Haiti
Indonésie	Indonesia
Irlande	Irlandia
Jamaïque	Jamaika
Japon	Jepang
Kenya	Kenya
Laos	Laos
Liban	Libanon
Mexique	Meksiko
Ouganda	Uganda
Pakistan	Pakistan
Russie	Rusia
Somalie	Somalia
Soudan	Sudan
Syrie	Suriah
Ukraine	Ukraina

Paysages
Pemandangan Alam

Cascade	Air Terjun
Colline	Bukit
Désert	Gurun
Estuaire	Muara
Fleuve	Sungai
Geyser	Geyser
Glacier	Gletser
Grotte	Gua
Iceberg	Gunung Es
Île	Pulau
Lac	Danau
Marais	Rawa
Mer	Laut
Montagne	Gunung
Oasis	Oasis
Péninsule	Semenanjung
Plage	Pantai
Toundra	Tundra
Vallée	Lembah
Volcan	Gunung Berapi

Photographie
Fotografi

Adoucir	Melunakkan
Cadre	Bingkai
Caméra	Kamera
Composition	Komposisi
Contraste	Kontras
Couleur	Warna
Définition	Definisi
Exposition	Pameran
Éclairage	Pencahayaan
Format	Format
Noir	Hitam
Objet	Objek
Obscurité	Kegelapan
Ombre	Bayangan
Perspective	Perspektif
Portrait	Potret
Sujet	Subjek
Texture	Tekstur
Visuel	Visual
Vue	Melihat

Physique
Fisika

Accélération	Akselerasi
Atome	Atom
Chaos	Kekacauan
Chimique	Bahan Kimia
Densité	Kepadatan
Électron	Elektron
Formule	Rumus
Fréquence	Frekuensi
Gaz	Gas
Gravité	Gravitasi
Magnétisme	Magnetisme
Masse	Massa
Mécanique	Mekanika
Molécule	Molekul
Moteur	Mesin
Nucléaire	Nuklir
Particule	Partikel
Relativité	Relativitas
Universel	Universal
Vitesse	Kecepatan

Plantes
Tanaman

Arbre	Pohon
Baie	Berry
Bambou	Bambu
Botanique	Botani
Buisson	Semak
Cactus	Kaktus
Engrais	Pupuk
Feuillage	Dedaunan
Fleur	Bunga
Flore	Flora
Forêt	Hutan
Grandir	Tumbuh
Haricot	Kacang
Herbe	Rumput
Jardin	Kebun
Lierre	Ivy
Mousse	Lumut
Pétale	Kelopak
Racine	Akar
Végétation	Vegetasi

Professions #1
Profesi # 1

Ambassadeur	Duta Besar
Artiste	Artis
Astronome	Astronom
Avocat	Pengacara
Banquier	Bankir
Bijoutier	Perhiasan
Cartographe	Kartografer
Chasseur	Hunter
Danseur	Penari
Entraîneur	Pelatih
Éditeur	Editor
Géologue	Ahli Geologi
Infirmière	Perawat
Médecin	Dokter
Musicien	Musisi
Pianiste	Pianis
Plombier	Tukang Ledeng
Psychologue	Psikolog
Scientifique	Ilmuwan
Vétérinaire	Dokter Hewan

Professions #2
Profesi # 2

Astronaute	Astronot
Bibliothécaire	Pustakawan
Biologiste	Ahli Biologi
Chercheur	Peneliti
Chirurgien	Ahli Bedah
Dentiste	Dokter Gigi
Détective	Detektif
Enseignant	Guru
Illustrateur	Ilustrator
Ingénieur	Insinyur
Inventeur	Penemu
Jardinier	Tukang Kebun
Journaliste	Wartawan
Linguiste	Ahli Bahasa
Médecin	Dokter
Peintre	Pelukis
Philosophe	Filsuf
Photographe	Fotografer
Pilote	Pilot
Zoologiste	Zoologi

Psychologie
Psikologi

Clinique	Klinis
Cognition	Kognisi
Comportement	Perilaku
Conflit	Konflik
Ego	Ego
Expériences	Pengalaman
Émotions	Emosi
Évaluation	Penilaian
Idées	Ide
Inconscient	Bawah Sadar
Influences	Pengaruh
Pensées	Pikiran
Perception	Persepsi
Personnalité	Kepribadian
Problème	Masalah
Rendez-Vous	Janji
Réalité	Realitas
Rêves	Mimpi
Sensation	Sensasi
Thérapie	Terapi

Randonnée
Mendaki

Animaux	Binatang
Bottes	Sepatu Bot
Camping	Camping
Carte	Peta
Climat	Iklim
Eau	Air
Falaise	Tebing
Fatigué	Lelah
Guides	Panduan
Lourd	Berat
Météo	Cuaca
Montagne	Gunung
Nature	Alam
Orientation	Orientasi
Parcs	Taman
Pierres	Batu
Préparation	Persiapan
Sauvage	Liar
Soleil	Matahari
Sommet	Puncak

Remplir
Untuk Mengisi

Baril	Barel
Bassin	Baskom
Boîte	Kotak
Bouteille	Botol
Caisse	Peti
Carton	Karton
Dossier	Map
Enveloppe	Amplop
Navire	Kapal
Panier	Keranjang
Paquet	Paket
Plateau	Baki
Poche	Saku
Pot	Jar
Sac	Tas
Seau	Ember
Tiroir	Laci
Tube	Tabung
Valise	Koper
Vase	Vas

Restaurant #2
Restoran #2

Boisson	Minuman
Chaise	Kursi
Cuillère	Sendok
Déjeuner	Makan Siang
Délicieux	Lezat
Dîner	Makan Malam
Eau	Air
Épices	Rempah-Rempah
Fourchette	Garpu
Fruit	Buah
Gâteau	Kue
Glace	Es
Légumes	Sayuran
Nouilles	Mie
Oeuf	Telur
Poisson	Ikan
Salade	Salad
Sel	Garam
Serveur	Pelayan
Soupe	Sup

Réchauffement Climatique
Pemanasan Global

Arctique	Arktik
Attention	Perhatian
Climat	Iklim
Crise	Krisis
Développement	Pembangunan
Données	Data
Environnemental	Lingkungan
Énergie	Energi
Futur	Masa Depan
Gaz	Gas
Générations	Generasi
Gouvernement	Pemerintah
Habitats	Habitat
Industrie	Industri
International	Internasional
Législation	Legislasi
Maintenant	Sekarang
Populations	Populasi
Scientifique	Ilmuwan
Températures	Suhu

Santé et Bien-Être #1
Kesehatan dan Kebugaran

Actif	Aktif
Bactéries	Bakteri
Blessure	Cedera
Clinique	Klinik
Faim	Kelaparan
Fracture	Patah
Habitude	Kebiasaan
Hauteur	Tinggi
Hormone	Hormon
Médecin	Dokter
Médicament	Obat
Muscles	Otot
Os	Tulang
Peau	Kulit
Pharmacie	Farmasi
Posture	Sikap
Réflexe	Refleks
Thérapie	Terapi
Traitement	Pengobatan
Virus	Virus

Santé et Bien-Être #2
Kesehatan dan Kebugaran

Allergie	Alergi
Anatomie	Anatomi
Appétit	Nafsu Makan
Calorie	Kalori
Corps	Tubuh
Déshydratation	Dehidrasi
Énergie	Energi
Génétique	Genetika
Hôpital	Rumah Sakit
Hygiène	Kebersihan
Infection	Infeksi
Maladie	Penyakit
Massage	Pijat
Nutrition	Gizi
Poids	Berat
Récupération	Pemulihan
Sain	Sehat
Sang	Darah
Stress	Stres
Vitamine	Vitamin

Science
Sains

Atome	Atom
Chimique	Bahan Kimia
Climat	Iklim
Données	Data
Expérience	Percobaan
Évolution	Evolusi
Fait	Fakta
Fossile	Fosil
Gravité	Gravitasi
Hypothèse	Hipotesis
Laboratoire	Laboratorium
Méthode	Metode
Minéraux	Mineral
Molécules	Molekul
Nature	Alam
Observation	Observasi
Organisme	Organisme
Particules	Partikel
Physique	Fisika
Scientifique	Ilmuwan

Science-Fiction
Fiksi Ilmiah

Atomique	Atom
Cinéma	Bioskop
Explosion	Ledakan
Extrême	Ekstrem
Fantastique	Fantastis
Feu	Api
Futuriste	Futuristik
Galaxie	Galaksi
Illusion	Ilusi
Imaginaire	Imajiner
Livres	Buku
Monde	Dunia
Mystérieux	Gaib
Oracle	Oracle
Planète	Planet
Réaliste	Realistis
Robots	Robot
Scénario	Skenario
Technologie	Teknologi
Utopie	Utopia

Temps
Waktu

Année	Tahun
Annuel	Tahunan
Après	Setelah
Aujourd'Hui	Hari Ini
Avant	Sebelum
Bientôt	Segera
Calendrier	Kalender
Décennie	Dasawarsa
Futur	Masa Depan
Heure	Jam
Hier	Kemarin
Jour	Hari
Maintenant	Sekarang
Matin	Pagi
Midi	Siang
Minute	Menit
Mois	Bulan
Nuit	Malam
Semaine	Minggu
Siècle	Abad

Types de Cheveux
Jenis Rambut

Argent	Perak
Blanc	Putih
Blond	Pirang
Boucles	Ikal
Brillant	Berkilau
Chauve	Botak
Coloré	Berwarna
Court	Pendek
Doux	Lembut
Épais	Tebal
Frisé	Keriting
Gris	Abu-Abu
Long	Panjang
Marron	Cokelat
Mince	Tipis
Noir	Hitam
Ondulé	Bergelombang
Sain	Sehat
Sec	Kering
Tressé	Dikepang

Univers
Universe

Astéroïde	Asteroid
Astronome	Astronom
Astronomie	Astronomi
Atmosphère	Suasana
Ciel	Langit
Cosmique	Kosmik
Équateur	Khatulistiwa
Galaxie	Galaksi
Hémisphère	Belahan Bumi
Horizon	Horison
Latitude	Garis Lintang
Longitude	Garis Bujur
Lune	Bulan
Obscurité	Kegelapan
Orbite	Orbit
Solaire	Surya
Solstice	Solstice
Télescope	Teleskop
Visible	Terlihat
Zodiaque	Zodiak

Vacances #2
Liburan #2

Aéroport	Bandara
Camping	Camping
Carte	Peta
Destination	Tujuan
Étranger	Orang Asing
Hôtel	Hotel
Île	Pulau
Loisir	Rekreasi
Mer	Laut
Passeport	Paspor
Plage	Pantai
Restaurant	Restoran
Réservations	Reservasi
Taxi	Taksi
Tente	Tenda
Train	Kereta
Transport	Transportasi
Vacances	Liburan
Visa	Visa
Voyage	Perjalanan

Véhicules
Kendaraan

Ambulance	Ambulans
Avion	Pesawat
Bateau	Perahu
Bus	Bis
Camion	Truk
Caravane	Kafilah
Ferry	Feri
Fusée	Roket
Hélicoptère	Helikopter
Moteur	Motor
Navette	Shuttle
Pneus	Ban
Radeau	Rakit
Scooter	Skuter
Sous-Marin	Kapal Selam
Taxi	Taksi
Tracteur	Traktor
Train	Kereta
Vélo	Sepeda
Voiture	Mobil

Vêtements
Pakaian

Bracelet	Gelang
Ceinture	Ikat Pinggang
Chapeau	Topi
Chaussure	Sepatu
Chemise	Baju
Chemisier	Blus
Collier	Kalung
Foulard	Syal
Gants	Sarung Tangan
Jeans	Jeans
Jupe	Rok
Manteau	Mantel
Mode	Mode
Pantalon	Celana
Pull	Sweter
Pyjama	Piyama
Robe	Gaun
Sandales	Sandal
Tablier	Celemek
Veste	Jas

Ville
Kota

Aéroport	Bandara
Banque	Bank
Bibliothèque	Perpustakaan
Boulangerie	Toko Roti
Cinéma	Bioskop
Clinique	Klinik
École	Sekolah
Fleuriste	Florist
Galerie	Galeri
Hôtel	Hotel
Librairie	Toko Buku
Marché	Pasar
Musée	Museum
Pharmacie	Farmasi
Restaurant	Restoran
Salon	Salon
Stade	Stadion
Supermarché	Supermarket
Théâtre	Teater
Université	Universitas

Félicitations

Vous avez réussi !

Nous espérons que vous avez apprécié ce livre autant que nous avons pris plaisir à le concevoir. Nous faisons de notre mieux pour créer des livres de la meilleure qualité possible.
Cette édition est conçue pour permettre un apprentissage intelligent et de qualité en se divertissant !

Vous avez aimé ce livre ?

Une Simple Demande

Nos livres existent grâce aux avis que vous publiez. Pourriez-vous nous aider en laissant un avis maintenant ?

Voici un lien rapide qui vous mènera à votre page d'évaluation de vos commandes :

BestBooksActivity.com/Avis50

CHALLENGE FINAL !

Défi n°1

Êtes-vous prêt pour votre jeu bonus ? Nous les utilisons tout le temps mais ils ne sont pas si faciles à trouver. Voici les **Synonymes** !

Notez 5 mots que vous avez trouvés dans les puzzles notés ci-dessous (n°21, n°36, n°76) et essayez de trouver 2 synonymes pour chaque mot.

Notez 5 Mots du **Puzzle 21**

Mots	Synonyme 1	Synonyme 2

Notez 5 Mots du **Puzzle 36**

Mots	Synonyme 1	Synonyme 2

Notez 5 Mots du **Puzzle 76**

Mots	Synonyme 1	Synonyme 2

Défi n°2

Maintenant que vous vous êtes échauffé, notez 5 mots que vous avez découverts dans les Puzzles n° 9, n° 17, n° 25 et essayez de trouver 2 antonymes pour chaque mot. Combien pouvez-vous en trouver en 20 minutes ?

Notez 5 Mots du **Puzzle 9**

Mots	Antonyme 1	Antonyme 2

Notez 5 Mots du **Puzzle 17**

Mots	Antonyme 1	Antonyme 2

Notez 5 Mots du **Puzzle 25**

Mots	Antonyme 1	Antonyme 2

Défi n°3

Formidable ! Ce défi final n'est rien pour vous.

Prêt pour le dernier défi ? Choisissez 10 mots que vous avez découverts parmi les différents puzzles et notez-les ci-dessous.

1.	6.
2.	7.
3.	8.
4.	9.
5.	10.

Maintenant, composez un texte en pensant à une personne, un animal ou un lieu que vous aimez !

Astuce: Vous pouvez utiliser la dernière page de ce livre comme brouillon !

Votre Composition :

CARNET DE NOTES :

À TRÈS BIENTÔT !

Toute l'équipe

DECOUVREZ DES JEUX GRATUITS

GO

↓

BESTACTIVITYBOOKS.COM/FREEGAMES